LA FRANCE CONTEMPORAINE

Sous la direction de Jean-François Sirinelli

PHILIPPE POIRRIER

L'ÉTAT ET LA CULTURE EN FRANCE AU XXe SIÈCLE

LE LIVRE DE POCHE

Philippe Poirrier, agrégé d'histoire, est maître de conférence en histoire contemporaine à l'Université de Bourgogne. Il a notamment publié *La Naissance des politiques culturelles et les Rencontres d'Avignon* (La Documentation française, 1997), *Société et culture en France depuis 1945* (Seuil, 1998) et, avec Vincent Dubois, *Politiques locales et enjeux culturels* (La Documentation française, 1998).

À Geneviève Gentil
et Augustin Girard

INTRODUCTION

La thématique de l'« exception française » est régulièrement déclinée depuis le début des années quatre-vingt-dix. Les relations entre l'Etat et la culture occupent une place singulière dans ce cadre-là. Aussi la politique culturelle — le terme est aujourd'hui d'usage commun — des pouvoirs publics est même élevée au rang de modèle européen face à la puissance croissante des industries culturelles nord-américaines. Son existence garantit — nous disent les observateurs dans un très large consensus — la survie du secteur audiovisuel et, par extension, l'identité même de la culture européenne.

Les essayistes et les journalistes soulignent combien cette singularité est ancienne et ne peut se comprendre sans un regard dans le rétroviseur. Le ministère de la Culture lui-même contribue à conforter cette généalogie en se présentant comme le lointain successeur des rois de France. Une plaquette, éditée en mars 1997, par le Département de l'Information et de la Communication du ministère, propose un organigramme historique de l'administration de la culture en France depuis le XVIIe siècle. La création, en 1664, de la Surintendance générale des bâtiments du roi constitue l'acte inaugural de cette genèse administrative.

Pourtant, l'histoire de la politique culturelle est souvent personnalisée par deux ministres : André Malraux et Jack Lang. Ces « fantômes de la rue de Valois » continuent à fortement peser sur les représentations que l'opinion, ou plus précisément le monde de la culture, se fait de l'action de l'Etat dans les domaines artistiques et culturels. La panthéonisation récente d'André Malraux a contribué à proposer une perspective quelque peu hagiographique du rôle de celui qui créa, en 1959, le ministère des Affaires culturelles. Quant au second, il est au centre d'ouvrages qui se placent sous le registre du pamphlet ou — mais plus rarement — de l'hagiographie. Plus largement, les politiques culturelles menées depuis son départ de la rue de Valois demeurent évaluées, sinon jugées, à l'aune de son action lors des deux septennats de François Mitterrand.

C'est surtout au cours du XXe siècle que l'intervention de l'Etat dans le domaine culturel est croissante. Il s'agit d'en retracer ici les jalons et d'en dresser les bilans successifs. Depuis une vingtaine d'années, les sciences sociales, dans leur diversité, ont investi ce terrain de recherches. Il est désormais possible, nous semble-t-il, de proposer une synthèse qui permette de resituer les principales ruptures qui ordonnent cette histoire sans pour autant négliger les éléments de continuité.

La République hérite d'un dispositif fortement marqué par les héritages monarchiques. Après 1880, l'Etat construit un service public républicain dans le cadre des Beaux-Arts. La logique libérale s'impose durablement et il faut attendre le Front populaire pour que l'Etat infléchisse sensiblement la manière de concevoir les modalités de son intervention. Le régime de Vichy contribue ensuite à renforcer le rôle culturel de l'Etat dans une perspective qui s'inscrit dans le projet de Révolution nationale. Les lendemains de la Libération renouent avec une problématique démocratique sans pour autant asseoir véritablement une politique culturelle.

A ce titre, l'invention de la politique culturelle est bien contemporaine de la création, par André Malraux, d'un ministère des Affaires culturelles. La rupture avec les Beaux-Arts se traduit par la mise en avant de nouvelles formules de médiation culturelle. Cette conception est pourtant loin de faire l'unanimité. Les événements de mai 1968 assombrissent le bilan de cette décennie Malraux.

L'entre-deux-mai conduit à une plus grande prise en charge des questions culturelles par le Président de la République. Parallèlement, la question de la politique culturelle devient un enjeu sur la scène politique nationale et locale. La rationalisation du ministère de la Culture s'affirme même si la fin des années soixante-dix contribue à fragiliser le volontarisme étatique.

Cette situation explique pour une part le sentiment d'embellie qui caractérise les années quatre-vingt. Le soutien constant de François Mitterrand et le volontarisme politique qu'incarne Jack Lang permettent à la politique culturelle d'accroître sa visibilité non sans susciter de vives polémiques qui remettent en cause la légitimité de l'intervention de l'Etat.

PREMIÈRE PARTIE

L'ÉTAT ET LES BEAUX-ARTS (1870-1958)

CHAPITRE I

LE SYSTÈME DES BEAUX-ARTS

A partir de 1870, les Républicains, sans pour autant remettre en cause une administration largement héritée des régimes monarchiques, cherchent à légitimer une conception démocratique de l'utilité sociale des Beaux-Arts.

Le poids des héritages

Le regard dans le rétroviseur, l'historien des politiques culturelles a tendance à scruter au plus loin. Dès lors, le risque est de céder à la tentation du généalogiste. Pourtant, l'intervention des Républicains s'inscrit bien au sein d'une longue tradition étatique.

La monarchie absolue, telle qu'elle se construit sous les règnes de Louis XIII et Louis XIV, est un moment fondateur. L'intervention de l'Etat moderne dans les domaines artistiques et culturels se déploie sous une triple forme. Le mouvement académique, parisien puis provincial, contribue à fixer les normes culturelles. Le mécénat royal se distingue de celui des grands princes et devient public sous le règne de Louis XIV. La censure, longtemps aux mains de l'Eglise, connaît un processus de laïcisation qui prend ses racines dès le début du XVIe siècle. Ce patronage monarchique joue un rôle essentiel dans l'évolution des productions et pratiques culturelles. Il est à l'origine de l'intervention étatique dans les domaines culturels. La logique d'ensemble est claire et répond à un volontarisme cohérent : la progressive captation par l'Etat des disciplines et des institutions qui gouvernent la production culturelle. Ce processus à l'œuvre s'inscrit dans un vaste mouvement qui voit l'Etat peser de plus en plus sur les modalités de fonctionnement de la société. Faut-il pour autant parler de politique culturelle au sens où nous l'entendons aujourd'hui ? Sans doute pas : la tentation généalogiste conduit tout droit à l'anachronisme. En revanche, l'Ancien Régime lègue deux héritages qui vont connaître une belle postérité : la logique mécénale et la centralisation culturelle.

La période révolutionnaire voit surtout l'invention du « patrimoine national ». La dialectique entre protection et « vandalisme » donne naissance à trois institutions culturelles : les Archives nationales, la Bibliothèque nationale et le Muséum central des Arts. Ce dernier matérialise la nationalisation du patrimoine autour d'une triple fonction : la conservation du patrimoine hérité, l'éducation du citoyen et la formation libre et indépendante des artistes. La politique artistique, partie prenante de la volonté de régénération de la nation, est un échec. Pourtant, certains thèmes, comme le culte des grands hommes, et certaines pratiques, comme les concours publics, sont à l'origine d'une tradition artistique républicaine.

Cette première politique du patrimoine est réinterprétée par la monarchie de Juillet. La mise en place d'une administration des « Monuments historiques » constitue un moment clef dans la construction d'une administration culturelle étroitement contrôlée par l'Etat. Son essence n'est pas d'origine démocratique et vise surtout à conforter une civilisation nationale en construction. A ce titre, la création du Musée historique de Versailles est exemplaire. Le « moment Guizot » institutionnalise et confirme une logique à la fois étatique et centralisatrice.

L'impossible ministère

Si la direction des Beaux-Arts est une institution républicaine, elle est l'héritière directe de la Surintendance générale des Bâtiments du Roi, des Arts et Manufactures, créée en 1664 puis dirigée par Colbert. La républicanisation d'une administration fortement marquée par les pratiques monarchiques et impériales n'est pas aisée.

Sous la Restauration, une deuxième direction au sein du ministère de l'Intérieur a compétence sur l'ensemble des services des Beaux-Arts, sous l'autorité d'un intendant général des Arts. Sous la Monarchie de Juillet, la division des sciences, des Beaux-Arts et des Belles-Lettres passe au ministère du Commerce et des Travaux Publics avant de retourner à l'Intérieur après 1834. En 1848, si on excepte les manufactures rattachées au Commerce et à l'Agriculture, le nouveau régime met sur pied une administration unifiée des Beaux-Arts dans le cadre du ministère de l'Intérieur. Le Second Empire renoue avec différents services éclatés entre la Maison de l'Empereur et le ministère d'Etat. En 1863, tous les services sont regroupés au ministère de la Maison de l'Empereur sous la direction du surintendant des Beaux-Arts Nieuwekerke. Jusqu'à la dernière année du Second Empire, le fractionnement administratif est donc de règle.

La représentation dominante de l'opposition entre l'art et l'Etat, l'autonomisation croissante du champ artistique mais aussi l'état de la théorie du service public contribuent, comme le souligne Vincent Dubois [21], à rendre impossible la création d'un ministère autonome. Deux tentatives sans lendemain sont cependant à signaler. En janvier 1870, un ministère des Arts, Sciences et Lettres est mis sur pied dans le cadre du cabinet Ollivier, sans pour autant intégrer les musées qui demeurent sous la tutelle de la Maison du souverain. De même, ressurgit un éphémère ministère des Arts, confié à Antonin Proust, dans le « grand ministère » Gambetta de novembre 1881. Cette structure unifiée disparaît avec celui-ci dès janvier 1882. La tentative dépasse le traditionnel champ des Beaux-Arts. Les Arts s'ouvrent à l'artisanat, aux arts décoratifs et aux industries d'art. La volonté économique et vulgarisatrice — introduire le beau dans les objets usuels — est clairement affichée.

Aussi, à partir de 1870, la plupart des domaines artistiques et culturels sont le plus souvent intégrés à l'Instruction publique dans le cadre d'une direction des Beaux-Arts ou d'un secrétariat d'Etat. Ce rattachement à l'Instruction publique « conduit à reléguer les questions artistiques au rang subalterne d'un dossier annexe plus qu'il ne [...] promeut [les Beaux-Arts] en une politique à part entière » (Vincent Dubois). En 1905, un sous-secrétariat des Beaux-Arts est recréé pour l'artiste et homme politique Etienne Dujardin-Beaumetz qui se passe des services d'un directeur. Après la Grande Guerre, l'instabilité ministérielle affaiblit le pouvoir du sous-secrétaire d'Etat au profit du directeur des Beaux-Arts. La direction des Beaux-Arts est recréée en 1919 pour Paul Léon qui assure cette fonction jusqu'en 1933. Georges Huisman assure également une longue direction de février 1934 à juillet 1940.

Les inflexions républicaines

Aussi, les Républicains héritent d'un dispositif fortement marqué par les pratiques monarchiques. L'évolution des Beaux-Arts s'inscrit dès lors dans le processus général de libéralisation institutionnelle et sociale du système politique, de républicanisation de l'administration et de modernisation des services publics.

En 1875, Edouard Charton, républicain libéral et saint-simonien, souligne l'importance d'une politique artistique désormais républicaine : « en annexant les Beaux-Arts au ministère de l'Instruction publique, en les rapprochant de l'administration qui a pour attribution l'enseignement et l'encouragement des lettres, on assigne aux Beaux-Arts proprement dits leur place légitime, on y reconnaît leur droit à la sollicitude dc l'Etat, non pas seulement parce qu'ils sont pour quelques esprits délicats une source de jouissances exquises et rares, mais parce qu'ils répondent réellement à un besoin général, en tendant à développer dans le pays entier le sentiment de l'amour du beau, dont une nation ne saurait se désintéresser impunément, soit pour le progrès de sa civilisation, soit pour sa gloire ». L'édification et la consécration du génie artistique national fondent l'utilité sociale des Beaux-Arts et posent les fondements d'un service public des Beaux-Arts. Il s'agit de permettre également à chacun d'acquérir les moyens de développer ses capacités selon ses dispositions naturelles et sa position dans la société. En effet, cette République reste élitiste à l'image du système éducatif dual sur lequel repose l'édifice de sélection des élites républicaines. Aussi, les lois Ferry qui réforment l'enseignement primaire par le triptyque laïcité, obligation et gratuité ne doivent pas masquer le caractère fortement inégalitaire de l'accès à l'enseignement secondaire. Cela dit, la réussite par le mérite permet à ce système éducatif de constituer, certes à la marge, un outil de promotion sociale. Le succès de l'école de Ferry est repérable ailleurs : l'intégration à l'espace républicain de la France paysanne et son acculturation par la culture urbaine. La Troisième République, à côté de son effort scolaire bien connu, donne une orientation nouvelle à sa politique artistique.

Les fondateurs de la Troisième République suivent en ce domaine une ligne médiane : ni le dirigisme des arts, ni l'abandon des artistes à leur sort, mais le soutien des artistes de toutes tendances, sans privilégier une école ou un style. Pour ce faire, l'Etat s'appuie de plus en plus, exigence démocratique oblige, sur la consultation d'experts. En 1875, il crée un organisme administratif, le Conseil supérieur des Beaux-Arts. Inspirateur de l'action de l'Etat, laboratoire de sa politique et guide de sa gestion, le CSBA est conçu comme un véritable parlement des élites artistiques. Dès la fin des années quatre-vingt, son influence décline pourtant. Pendant ces premières années, l'administration des Beaux-Arts parvient à créer les conditions de son autonomie administrative tout en fondant une philosophie de service public. Malgré tout, la structure administrative de la direction des Beaux-Arts demeure fragile et fluctuante. La multiplication des instances consultatives – une trentaine fonctionne dans l'entre-deux-guerres – affaiblit encore la légitimité de l'administration. De surcroît, le Parlement, par l'intermédiaire des lois de finance, dispose d'un réel pouvoir de contrôle.

L'Etat accepte de ne plus jouer de rôle dans la sphère privée et commerciale de l'art et se voue essentiellement aux tâches artistiques de service public : l'enseignement artistique (réformes de l'enseignement du dessin de 1878 et 1908) et la protection du patrimoine. Pour aller vite, ce changement peut se résumer en deux points : d'une part, l'acquisition par l'artiste plasticien, à la suite de la loi de 1902 sur la propriété intellectuelle, d'un statut d'entrepreneur privé livré à la sanction du marché ; d'autre part, le renforcement du pouvoir de l'administration en matière de protection du patrimoine artistique. Dès lors l'Etat modifie ses relations avec les artistes : il se comporte désormais comme un client parmi d'autres et de moins en moins comme un mécène. De plus, l'influence grandissante du marché l'amène à modifier progressivement ses critères de reconnaissance : les notions de goût, de cote, de prix l'emportent de plus en plus sur celles de tradition et de métier. En 1902, le député radical Maurice Couyba exprime clairement le libéralisme qui fonde la politique artistique : « la meilleure norme en matière de politique artistique nous paraît donc être un éclectisme prudent, réfléchi, se gardant d'encourager outre mesure les tendances les plus extrêmes, mais n'en rejetant aucune qui aboutisse à des œuvres belles et ne refusant de reconnaître aucun talent réel [...] Ainsi notre art sera vraiment national ». Cette doctrine, largement partagée par les acteurs politiques, est reformulée dans *Arts et démocratie* par Joseph Paul-Boncour en 1912 : « le rôle des pouvoirs publics n'est pas d'imposer une formule d'art, mais seulement de chercher les moyens administratifs d'exprimer le plus exactement possible celles qui existent ». La suppression de la censure des théâtres en 1906 confirme la tonalité libérale de l'interventionnisme républicain.

Jeanne Laurent [14] a stigmatisé cette faible présence de l'Etat. Cette situation est mise au compte de l'aveuglement, du manque de jugement de responsables de l'administration restés fidèles à une culture académique. Les travaux de Marie-Claude Genet-Delacroix apportent une perspective plus nuancée. La fin de l'Etat mécène dans le champ de la production artistique laisse désormais au marché les modalités de la notoriété et de la reconnaissance artistique. Bien plus, « loin de léser les intérêts individuels et d'entraver l'initiative privée, l'Etat a au contraire libéralisé les pratiques culturelles, et stimulé par sa législation et son action en faveur de l'art national la croissance et la diversification du marché de l'art, faisant de Paris la capitale mondiale de l'art et des artistes » [34]. La faveur dont jouit le libéralisme d'ordre économique, le respect des libertés publiques et la place de l'art dans la société, note Pierre Vaisse [124], expliquent cette configuration marquée par le laisser-faire étatique.

La protection du patrimoine

La primauté de la conservation du patrimoine hérité et notamment l'entretien du patrimoine monumental est bien l'une des caractéristiques de la période. La mise en place sous la monarchie de Juillet d'une administration des monuments historiques avait été essentielle dans la formalisation de l'intervention publique. Cette consécration du « monument historique » est intimement liée à l'avènement de l'ère industrielle compris comme une « rupture traumatique du temps » (Françoise Choay [129]). Les Français prennent alors conscience de la valeur nationale et historique des édifices anciens.

Les lois tardives de 1887 et de 1913 donnent aux Monuments historiques l'outil juridique nécessaire à leur action. La longueur des débats parlementaires, initiés dès 1874, témoigne de la difficulté d'imposer un dispositif qui remet en cause la propriété individuelle. Le texte fondateur de 1887 permet le classement des monuments publics présentant un intérêt national ainsi que le classement des propriétés privées avec le consentement de leur propriétaire. Les suites de la séparation de l'Eglise et de l'Etat (1905) réactivent un large débat national. Maurice Barrès et Marcel Proust se mobilisent pour « Sauver les églises de France » face aux agissements d'une Chambre des députés anticléricale. Le texte de 1913 traduit l'émergence d'un nouveau consensus patrimonial. Il donne une bien plus grande extension à l'intervention de l'Etat : un simple intérêt public et non plus national suffit à provoquer le classement ; de plus, une simple procédure d'inscription à un inventaire supplémentaire suffit à empêcher les travaux sans autorisation préalable de l'Etat. Les textes législatifs ancrent encore plus la spécificité française : centralisation de la procédure, faible prise en compte des volontés des collectivités locales, effacement des bénévoles et des associations au profit de fonctionnaires qui incarnent en province la toute-puissance de l'Etat. A cette date, le patrimoine classé compte 4800 monuments, en majorité d'origine médiévale.

En 1919, Marcel Proust souligne le déplacement des enjeux : « Dix ans ont passé, "la mort des cathédrales", c'est la destruction de leurs pierres par les armées allemandes, non de leur esprit par une Chambre anticléricale qui ne fait plus qu'un avec nos évêques patriotes ».

Le soutien à la création

Si le patrimoine domine la politique artistique, le soutien à la création est bien présent. La commande publique est l'un des systèmes qui permet de soutenir les artistes et joue un rôle de premier plan. Elle suit d'assez près la conjoncture politique et accompagne les grands cycles commémoratifs. La procédure ne connaît pas de profondes modifications sur l'ensemble de la période. La commande est définie par un programme et le choix de l'artiste est réalisé par un concours plus ou moins ouvert. L'exécution est suivie par un inspecteur des Beaux-Arts. La commande publique peut aussi se comprendre comme une véritable aide sociale de l'Etat pour les artistes. C'est le commanditaire qui détermine la valeur édifiante de l'œuvre ; la valeur artistique est le plus souvent implicite et se confond avec le choix de l'artiste. Le système commence à se fissurer, mais perdure le plus souvent jusqu'à la fin de la Troisième République, avec *Les Bourgeois de Calais* de Rodin inaugurés en 1895. La valeur plastique prend peu à peu le dessus sur la portée iconique de l'œuvre.

Lors des Expositions universelles de Paris (1855, 1867, 1878, 1889 et 1900), une section des Beaux-Arts est ouverte. Sous la Troisième République, une exposition rétrospective, appelée décennale, donne un aperçu de la production artistique depuis l'exposition universelle précédente. En 1889 et 1900, une centennale présente un panorama officiel de la peinture française depuis la Révolution dans une perspective qui vise à démontrer la grandeur nationale.

Les règles académiques qui régissent le métier depuis le début du siècle sont progressivement remises en cause. En 1795, la création de l'Institut national traduisait la reprise de l'ancien système académique. Mais il ne s'agit pas d'une simple reprise du système de l'Ancien Régime. La nomination et la cooptation amorcent une véritable indépendance par rapport à l'Etat. L'Académie des Beaux-Arts, issue des réformes de 1803 et de 1816, joue un rôle essentiel sur l'ensemble de l'activité artistique. Et ceci grâce à une triple implication : la tutelle de fait de l'Ecole des Beaux-Arts, le contrôle étroit du Prix de Rome et la sélection des œuvres admises au Salon dont elle constitue le jury. Cette configuration joue comme un efficace dispositif de reproduction d'une élite artistique et sociale. Dès le Second Empire, l'Académie voit cependant son influence décliner : l'Etat se passe de plus en plus de ses conseils. Napoléon III échoue cependant dans une série de réformes qui consistait à dégager le système de formation des artistes de l'Académie des Beaux-Arts. Le Salon des Refusés de 1863, qu'il accepte, ouvre néanmoins une brèche au sein d'un monopole encore bien assuré. Dès lors, l'Etat démissionne face à la corporation des artistes professionnels.

Au début des années 1880, le Salon est entièrement aux mains des artistes. En juin 1882, la Société des

Artistes français s'organise pour gérer le Salon mais laisse très vite le pouvoir à des membres de l'Institut. Ainsi, si le retrait de l'Etat traduit l'évolution du point de vue des pouvoirs publics, il ne modifie pas les modalités de l'exposition pour les artistes. Le Salon, exposition de prestige et foire à tableaux, demeure l'espace essentiel de la vie culturelle nationale : c'est à la fois le lieu déterminant du degré d'existence sociale de l'artiste, l'espace central de l'économie artistique (l'Etat est bien souvent le principal acheteur) et le passage obligé pour le succès public de l'artiste. Il s'agit aussi d'une manifestation à la fois mondaine et populaire.

Après le retrait de l'Etat du Salon en 1881, on assiste à une fin rapide du monopole de la Société des Artistes français au profit de multiples salons qui s'ouvrent au nom de la liberté de l'artiste. En 1884, avec la bénédiction de la municipalité républicaine de Paris, s'ouvre le Salon des Indépendants qui permet de favoriser les néo-impressionnistes. En 1889, la Société des Artistes français éclate : l'année suivante, Rodin et Puvis de Chavannes fondent la Société nationale des Beaux-Arts. Ouverte aux critères de la réussite commerciale, la nouvelle société porte témoignage de l'affaiblissement de l'Institut. De même en 1903 le Salon d'Automne s'ouvre aux innovations et aux avant-gardes. A partir de 1890, l'Etat, en acquérant des œuvres dans les différents salons et expositions, reconnaît *de facto* la pluralité de la vie artistique. Comme le note Pierre Vaisse, « l'ère du Salon avait pris fin » [124].

L'essentiel dans cette évolution est ailleurs : un marché de l'art qui prend peu à peu la place de l'Etat et de l'Institut comme instance de légitimation du monde de l'art. Après 1870, le commerce d'art s'incarne davantage dans le milieu des galeries et des associations d'artistes. Le Salon perd alors une partie de son rôle initial. Cette nouvelle configuration, plus sensible dans le domaine de la peinture que dans celui de la sculpture, qui reste davantage dépendante de la commande publique, s'impose assez vite et ouvre une nouvelle page de l'histoire des arts plastiques.

Une institution culturelle : l'Opéra de Paris

Les Républicains héritent également des prestigieuses institutions culturelles parisiennes. Le financement de ces institutions nationales pèse lourd dans le budget des Beaux-Arts.

L'Opéra de Paris illustre cette situation. En ouvrant au concours en 1860 la construction d'un nouvel Opéra, le Second Empire souhaitait offrir une image de prospérité. Le bâtiment est investi d'une triple mission : traduire le rayonnement de la France, consacrer la prééminence de l'art lyrique et offrir un écrin aux fastes de la vie mondaine parisienne. L'architecte Charles Garnier saura répondre à ce cahier des charges. La Troisième République ne remet pas en cause cette triple vocation d'un édifice, enfin inauguré en 1875.

Le fonctionnement du Palais Garnier est l'objet d'une négociation entre la direction de l'Opéra, la Chambre des députés et la direction des Beaux-Arts. Cette dernière joue bien souvent un rôle de médiateur entre la direction de l'Opéra et une Chambre peu encline à augmenter une subvention d'Etat jugée souvent excessive, alors même que les risques financiers demeurent à la charge d'un seul entrepreneur privé. En effet, l'Opéra de Paris est géré par un homme seul soutenu par des financiers qui apportent une contribution bien supérieure au seul soutien public.

Si les thématiques nationalistes marquent le fonctionnement de l'établissement, la culture républicaine des gouvernants se fait également sentir : ouverture à un public peu fortuné notamment. Ceci étant, comme le souligne Frédérique Patureau, « le Palais Garnier apparaît bien comme l'exemple vivant du compromis entre une idéologie qui proclame l'utilité sociale de l'art lyrique, qui prône la nécessité d'un patronage de l'Etat, mais recule devant la prise en charge effective du destin de l'institution » [109].

La présence des collectivités locales

L'Etat n'a pourtant pas le monopole de l'intervention publique dans les domaines artistiques et culturels. Une intervention municipale, relativement autonome, s'individualise. Depuis le début du siècle, les municipalités gèrent et financent les musées, les bibliothèques mais également les conservatoires. Le musée est, plus tôt que la bibliothèque, objet de la sollicitude des villes. D'une part, la création des musées marque tout le siècle. Dans ce fort développement, les liens avec les collectivités locales sont très souvent étroits. De plus, bien des musées à l'origine cantonaux ou départementaux seront finalement municipalisés et leur collection regroupée dans un même lieu. Or, une fois sur trois ce musée est installé dans les locaux de l'Hôtel de ville. Pour les élus municipaux, le musée participe à la fois à la construction identitaire de la ville et, surtout dans le cas des grands musées des Beaux-Arts de province, à la mise en avant d'une notoriété culturelle clairement affichée. A partir de la décennie 1880 les villes s'approprient peu à peu les établissements municipaux. D'ailleurs, reprenant l'effort amorcé sous le Second Empire, les municipalités construisent de somptueux Palais des Beaux-Arts, bâtiments marqueurs de l'espace et de l'image urbaine, pour accueillir les collections. Si les musées reçoivent de somptueux bâtiments, les conclusions de Bruno Foucart sur la gestion des collections du Musée de Grenoble peuvent s'appliquer à bien des musées de province : « Entre la minceur des crédits, la place et le rôle des artistes résidants, l'intelligence et la sincérité des amateurs, l'action au sage conformisme de l'Etat, les nécessaires corrections apportées plus tard, s'est formée une collection ». Cette montée en puissance sera coupée net par la Première Guerre mondiale. L'entre-deux-guerres est marqué par une crise de l'institution muséale. Pour autant, des éléments de ruptures, mieux connus grâce aux premières monographies historiennes (Loïc Vadelorge [96]), sont perceptibles. Une professionnalisation, portée par les réseaux parisiens stucturés par l'Ecole du Louvre et la direction des Beaux-Arts, contribue à moderniser les grands musées des Beaux-Arts de province. En revanche, les musées plus modestes, notamment les nombreux musées de société, demeurent tributaires des seuls réseaux locaux.

Les municipalités octroient également des subventions aux théâtres et au mouvement associatif en pleine structuration. L'aide à la création n'est pas oubliée et passe notamment par les nombreuses commandes publiques qui font de ce temps-là l'âge d'or de la « statuomanie ». La peinture, moins favorisée, n'est pourtant pas totalement oubliée. La municipalité de Toulouse fait ainsi réaliser la décoration du Capitole, un des plus vastes ensembles de peinture décorative exécuté sous la Troisième République, par des artistes de l'école toulousaine de peinture.

Le théâtre municipal, haut lieu de l'art lyrique, reste le point d'ancrage de la vie culturelle de bien des villes de province. Et très souvent, c'est la question de sa gestion qui est à l'origine des premiers débats de fond sur la légitimité d'un service public municipal dans ces domaines. En effet, porté par les républicains puis les radicaux, le discours sur la « démocratisation » ne fait pas l'unanimité à l'extrême gauche. Certains socialistes considèrent la question sociale comme prioritaire et assimilent l'intervention municipale dans les domaines artistiques aux plaisirs de la société bourgeoise. De fait, c'est bien souvent par la question de la gestion du théâtre municipal que les socialistes viendront progressivement à ces problématiques entre 1890 et 1920. La formation d'un discours politique sur la culture conduit de la stigmatisation des « plaisirs bourgeois » à la valorisation des « droits du peuple » (Vincent Dubois [31]).

La « richesse des Beaux-Arts républicains » (Marie-Claude Genet-Delacroix) se fonde sur unc action libérale, motivée par l'intérêt général voire l'utilité sociale. Les moyens financiers engagés restent cependant modestes, s'effritent même tout au long de la Troisième République.

CHAPITRE II

L'EMBELLIE FRONT POPULAIRE

Le Front populaire est un passage obligé de l'histoire des politiques publiques de la culture. Sa mémoire a fortement pesé sur les représentations des militants culturels. La référence est présente également chez les essayistes, de Jeanne Laurent [15], Pierre Gaudibert [13] à Marc Fumaroli [12]. Pour beaucoup, 1936, relayé par 1945, annonçait 1959 et permettait de placer Vichy entre parenthèses. Les travaux les plus récents nuancent ce schéma interprétatif. Le poids des contingences et des continuités est davantage pris en compte.

Démocratiser et organiser

Au-delà de l'influence de quelques hommes (Léon Blum, Jean Zay ou encore Léo Lagrange), la courte période du Front populaire va infléchir la manière dont les pouvoirs publics abordent les domaines artistiques et culturels. Trois idées-force peuvent être distinguées.

La croyance que l'intervention financière, administrative et politique de l'Etat en matière culturelle est nécessaire et légitime. Dès lors, la volonté d'organiser passe par la mise en place d'une législation issue d'un actif travail administratif qui croise bien souvent les revendications d'associations et de professions en construction.

En second lieu, et ce point est essentiel, la volonté de « populariser » (l'après-45 préférera « démocratiser ») la culture savante. Cette ligne promise à un long avenir doit beaucoup au tournant stratégique assumé par le PCF à partir du second semestre 1934. La réintégration de l'héritage national — mais aussi des identités locales — par le parti communiste ne peut que renforcer la conviction des socialistes. Le thème de la « défense de la culture » permet un large consensus. Cette politique communiste de la « main tendue » vers le patrimoine, la tradition artistique et les arts (jadis) bourgeois caractérise le mieux cette « nouvelle politique culturelle » (Pascal Ory [43]).

Enfin, le Front populaire porte une grande attention à la jeunesse dans le cadre d'une Education nationale (le terme est significatif) qui vient de prendre depuis quelques années la succession de l'Instruction publique.

Au plan local, cette volonté se retrouve dans les municipalités dirigées par des équipes issues du Rassemblement populaire. A ce titre, la banlieue rouge sera le premier terrain des expérimentations communistes. Sylvie Rab montre que le critère politique s'avère le plus déterminant : les conceptions de l'action municipale sont imprégnées des cultures politiques propres aux différents partis [91].

Pour un ministère à part entière

Ce volontarisme politique se retrouve dans les projets qui visent à institutionnaliser une structure ministérielle, indépendante ou non de l'Education nationale. Ces projets, qui n'aboutiront pas, renseignent cependant sur un état d'esprit qui tend à faire du culturel un secteur d'intervention publique.

En 1937, le rapporteur du budget des Beaux-Arts est pour la première fois un membre du parti communiste.

Membre du Conseil supérieur des Beaux-Arts, professeur d'allemand, membre du Comité central du PCF, député de la Seine depuis 1936, Joanny Berlioz se fait l'avocat d'une politique artistique qui combine reconnaissance du patrimoine, démocratisation et organisation des loisirs au service de l'intérêt public : « Les masses profondes de la population française se sont prononcées pour le pain, la paix et la liberté. Le pain de l'esprit est aussi une de leurs revendications fondamentales. Il faut cesser de regarder l'art comme un domaine réservé aux classes les plus aisées, aux spécialistes et aux snobs qui le déshonorent. L'art doit se rapprocher du peuple. Du peuple qui a conquis un développement intellectuel considérable en même temps qu'il se frayait la route du progrès social, en particulier de ces millions de travailleurs qui ont ou vont avoir plus de loisirs, pour lesquels il faut trouver un emploi agréable, profitable à chacun d'eux et à la société tout entière. La culture doit devenir "républicaine" au sens étymologique du mot, c'est-à-dire qu'elle doit être partie intégrante de la chose publique. » Significatif est le projet d'un large ministère de l'art français : « Que l'on reprenne alors l'idée d'un grand ministère de l'Art Français sous l'autorité duquel seraient placés, avec l'enseignement artistique dans les divers ordres de l'enseignement général — qui reste à créer dans notre pays —, tous les moyens d'éducation et d'expression artistiques, y compris le cinéma, les bibliothèques, l'animation de la partie artistique de la radio-diffusion, le tourisme auquel est liée étroitement la propagande artistique, l'organisation des loisirs des masses laborieuses. »

Alors que le Front populaire appartient déjà au passé, Jean Zay esquisse le projet d'un grand « ministère de la vie culturelle » qui peut être lu comme l'aboutissement d'une doctrine. Le projet d'organigramme — postérieur à sa démission du gouvernement

MINISTÈRE DE LA VIE CULTURELLE

Ministre

Cabinet du ministre

I – *Secrétaire d'État à l'Éducation nationale*

Trois directeurs de l'enseignement *– premier degré ;* *– second degré ;* *– supérieur.*	*Directeur de la jeunesse*	*Directeur des services administratifs et de la comptabilité*
Enseignement des beaux-arts ; enseignement professionnel et technique ; enseignement agricole ; enseignement de l'éducation physique et tous les enseignements qui intéressent les divers degrés ; même répartition pour l'outre-mer ; même répartition pour le corps de l'inspection générale.	Centre national de documentation professionnelle ; Fédération nationale des œuvres complémentaires de l'enseignement du premier et du deuxième degré ; œuvre en faveur des étudiants ; liaison interministérielle : organisation nationale de la jeunesse. – CNRS ; – Service de l'enfance anormale et de l'éducation surveillée.	Service des bourses et indemnités d'études ; services des constructions et de l'équipement scolaires.

II. – *Secrétaire d'État à l'Expression nationale*

Directeur des lettres et des arts	*Directeur des musées et palais nationaux*	*Directeur des archives et bibliothèques*
Lettres et édition ; arts et expositions ; théâtres nationaux et autres ; spectacles ; concerts ; *cinéma* ; *radio* ; *presse*[186] Caisse des lettres et des arts.	Musées ; architecture et palais nationaux ; mobilier et manufactures de l'État.	Archives ; bibliothèques de conservation et d'étude ; bibliothèques de centres de documentation ; bibliothèques de lecture publique ; + un service central de documentation des bibliothèques ; + 1 Centre national de prêt.

Directeur des services administratifs et de la comptabilité

Source : P. Ory, *La Belle Illusion*, Paris, Plon, 1994, p. 178.

Daladier — témoigne en effet des conceptions de celui qui marque de son empreinte la politique culturelle du Front populaire.

Ce ministère de la Vie culturelle en devenir se fonderait sur deux volets complémentaires : l'Education nationale et, là est la plus grande nouveauté, l'Expression nationale.

Education populaire et « culture populaire »

La création d'un sous-secrétariat à « l'organisation des sports et des loisirs », confié à Léo Lagrange, symbolise au mieux la politique impulsée par le gouvernement de Front populaire. Du mouvement sportif travailliste réunifié à l'aviation populaire et aux Auberges de jeunesse, on retrouve cette rencontre entre la volonté gouvernementale et le réseau associatif, de la Ligue de l'enseignement à la CGT. L'ouverture par les congés payés d'un nouvel espace social conduit le gouvernement à organiser ce temps libre mais en proposant un modèle démocratique refusant cette caporalisation des loisirs, caractéristique des régimes autoritaires et totalitaires contemporains.

La volonté de rapprocher le peuple de la culture bénéficie de cette convergence entre les associations d'éducation populaire, le mouvement ouvrier, les intellectuels et les pouvoirs publics. La notion de « culture populaire » se construit dans cette synthèse nouvelle entre les pratiques et les orientations de l'éducation populaire et celles des politiques artistiques. Les origines intellectuelles de la démarche, perceptibles depuis les Universités populaires jusqu'au théâtre populaire de Romain Rolland, sont anciennes. Mais le Front populaire institutionnalise pour la première fois cette rencontre : « L'éducation populaire devient le domaine des loisirs culturels tandis que l'activité artistique [...] se popularise » (Guy Saez [46]).

Matérialisations

Autour de la trilogie création, médiation et loisir, bien des domaines artistiques sont touchés par cette embellie portée par un volontarisme public redoublé par l'activisme d'un dense réseau associatif.

Pour la première fois, l'Etat engage, au-delà d'une simple logique mécénale, une politique théâtrale qui vise à une réappropriation populaire de la culture. De plus, cette logique de démocratisation se double d'une volonté de modernisation. L'objectif est clair et vise à répondre au scandale dénoncé par Jean-Richard Bloch : celui des « trente-cinq millions d'exclus du théâtre ». Au sein du couple démocratisation/modernisation, c'est le second qui sortira renforcé par la politique gouvernementale. Ainsi, Edouard Bourdet, administrateur de la Comédie-Française, voit ses pouvoirs renforcés et peut s'appuyer sur les metteurs en scène du Cartel (Baty, Copeau, Dullin et Jouvet). De plus, alors qu'au début du siècle, les recettes constituent l'essentiel du budget, c'est désormais la subvention de l'Etat, en forte hausse, qui permet à la maison de Molière de fonctionner. Dans le même esprit, le Front populaire, par l'intermédiaire de l'Exposition universelle de 1937 et surtout de la radiodiffusion, engage pour la première fois l'Etat sur la voie de l'aide au théâtre privé. Le Cartel y trouve une reconnaissance publique. Ces deux décisions portent en germe l'essentiel de la politique théâtrale de l'après-1945 : la mise en place d'un réseau de service public et l'aide sélective à la création dramatique à partir des troupes. Mais cette politique volontariste trouve bien vite ses limites. La décentralisation n'aboutit pas malgré quelques expériences de théâtre ambulant, comme La Compagnie des quatre saisons de Jean Dasté, soutenues par Léo Lagrange. Le renouveau constaté est surtout parisien. Malgré les projets de mise en place de « préfectures artistiques » (Charles Dullin) ou d'aides financières pour relancer des salles en province, le Parlement n'assumera pas le coût d'une telle ambition.

La volonté de démocratisation colore aussi la politique des musées. Ainsi, l'exposition Van Gogh, organisée en juillet 1937 au Palais de Tokyo, présente une muséographie marquée par l'importance du dispositif pédagogique. De même, des horaires nocturnes sont proposés au Louvre. Ainsi, les « mardis populaires du Louvre » concilient ouverture nocturne, tarif réduit et visite guidée. De plus, Jean Zay, Georges Huisman et Jean Cassou optent pour l'entrée de l'art moderne dans les collections publiques. Si on excepte les collections du Musée de Grenoble, rassemblées par Andry-Farcy depuis les années dix, c'est la première fois que des œuvres de Rouault, Derain, Matisse, Léger, Dufy entrent dans le patrimoine national. Dans la même perspective, l'arbitrage des pouvoirs publics ouvre le chantier de l'Exposition internationale de 1937 à des artistes non issus des courants académiques. Le mouvement ne touche pas seulement les musées des Beaux-Arts. Georges-Henri Rivière, membre de l'Association populaire des Amis des musées, milite pour une appropriation par les populations de leur patrimoine folklorique et ethnologique.

Dans le domaine des bibliothèques, l'Association pour le développement de la lecture publique, créée en juillet 1936, joue également un rôle de relais. Quelques crédits permettent de matérialiser la philosophie de la « lecture publique » portée par quelques bibliothécaires modernistes depuis le début du siècle : modernisation des fonds d'usuels, bibliobus ou mise en place d'une formation professionnelle. Là aussi, l'amorce d'une meilleure organisation est nette : la mise en place, en 1938, par Julien Cain d'un Bureau d'information sur les bibliothèques au sein de la Bibliothèque nationale préfigure l'autonomie d'une direction ministérielle, acquise après la Seconde Guerre mondiale.

Les limites de la politique du Front populaire

Cette politique à bien des égards novatrice va se trouver confrontée à de multiples contraintes. La première est liée à la situation économique générale de la France des années trente. En ce sens, et au-delà des réserves de la commission des finances du Sénat, la crise économique qui touche le pays de manière sensible à partir de 1932, et dont hérite le gouvernement Blum, réduit d'autant les capacités financières du gouvernement de Front populaire. De plus, ce manque de moyens traduit également un manque de volonté politique. Après juin 1937, il est clair que la culture n'émarge plus à la liste des priorités du gouvernement dirigé par le radical Camille Chautemps, même si la Chambre demeure dominée par la majorité de Front populaire. Très significative est alors la disparition, certes provisoire, des loisirs dans le gouvernement de janvier 1938.

La seconde limite est tout aussi sensible et s'inscrit dans le cadre d'une contrainte forte : le temps dont a disposé le gouvernement de Léon Blum. Ce paramètre essentiel pour ancrer une politique se trouve aggravé par le caractère parlementaire du régime. La Troisième République, démocratie parlementaire sophistiquée, inscrit la logique législative dans la durée. Aussi, les modalités de fonctionnement entre la Chambre des députés et le Sénat représentent une véritable machine à « enterrer » les projets les plus novateurs.

Pour le futur, le poids du militantisme communiste est à noter. En effet, la majorité de Front populaire est, rappelons-le, non pas seulement une coalition des partis politiques structurés mais un « Rassemblement » plus large qui intègre un vaste mouvement associatif coloré par le parti communiste. Aussi, socialistes et radicaux (malgré la présence essentielle de Jean Zay) — les seuls présents au gouvernement — furent bien souvent relayés par la qualité militante du réseau communiste, dynamisé par la politique de la « main tendue ». La revue personnaliste *Esprit* le comprend bien vite : « L'effort du marxisme officiel pour assurer la direction de la culture détermine l'atmosphère du jour », note l'historien Henri-Irénée Marrou en novembre 1936. Cette prise en charge associative et partisane de la culture par le PCF est essentielle pour la compréhension de la vie culturelle en France du second vingtième siècle : pendant près de trente ans, jusqu'au lendemain de mai 68, seul le PCF propose, non sans d'importants changements de ligne, une vision cohérente de la politique culturelle.

Malgré ces contraintes et limites, ce temps du Front populaire fut novateur. Pascal Ory n'hésite pas à employer la notion de politique culturelle pour caractériser un volontarisme fondé sur une philosophie d'ensemble (la « popularisation »), porté par l'élargissement des fonctions culturelles et l'approfondissement des responsabilités culturelles des pouvoirs publics. A l'arrivée, le Front populaire fut bien « le temps de la "prise en compte" avant celui de la "prise en charge" » [43]. Les conclusions de Vincent Dubois sont plus nuancées : « plus que la mise en forme d'une "politique culturelle", cette conjoncture particulière permet une convergence sans précédent entre mouvements culturels [...], intellectuels mobilisés [...] et représentants des institutions d'Etat ; convergence qui, si elle produit objectivement des effets sociaux, est propice à la mythification rétrospective d'un gouvernement de gauche donnant la culture au peuple plus qu'elle ne conduit directement à la construction de la "politique culturelle" comme catégorie de l'intervention publique » [21].

La courte expérience du Front populaire marque une rupture au sein du système des Beaux-Arts républicain. L'idéal républicain est réaffirmé. Surtout, la revendication à l'égalité devant la culture se constitue d'une manière cohérente. L'intervention de l'Etat dans les domaines artistiques apparaît dès lors comme le symbole du triomphe démocratique.

Aussi, l'impact du Front populaire doit être mesuré à l'aune d'une double chronologie. Au temps court, celui de l'expérience politique du rassemblement, marqué par l'antifascisme et la stratégie frontiste, il convient d'ajouter une postérité, constituée de mythes, de mémoires, d'héritages et de pratiques politiques et culturelles, qui se déploient sur deux générations.

L'héritage du Front populaire se déclinera, non sans infléchissements, de Vichy à l'aube de la Ve République. 1959 s'inscrira à la fois dans la filiation et dans la rupture. Malraux réinterprétera la démocratisation d'une culture nationale mais récusera la prise en charge par le ministère des Affaires culturelles du loisir et de la « culture populaire ».

CHAPITRE III

L'ÉTAT FRANÇAIS

Les travaux les plus récents montrent que la France de Vichy ne renie pas dans son interventionnisme culturel les principales tendances portées par le Front populaire.

Certes, dans le discours la volonté de rupture est claire et le triptyque « travail, famille, patrie » trouve une déclinaison culturelle : référence au métier, aux communautés naturelles sans oublier les traditions nationales.

Organiser et étatiser

Alors que le ministère de tutelle, l'Education nationale, change plusieurs fois de nom et six fois de ministre, les Beaux-Arts bénéficient d'une grande stabilité sous les directions successives de Louis Hautecœur (juillet 1940-avril 1944) et de Georges Hilaire (avril 1944-août 1944). L'administration des Beaux-Arts hérite des structures du Front populaire. En 1940, la direction des Beaux-Arts est constituée des bureaux des Bâtiments civils, des Monuments historiques, du contrôle, des travaux d'art et des musées, de l'enseignement et des manufactures, des théâtres et de la musique. En 1941, Jérôme Carcopino élève la direction en secrétariat général aux Beaux-Arts.

Le régime de Vichy s'ouvre par de nombreux changements au sein des équipes issues du Front populaire. Certains hommes doivent s'effacer tel le franc-maçon et radical-socialiste Georges Huisman, directeur général des Beaux-Arts, devant l'historien de l'art Louis Hautecœur, ou encore Julien Cain à la Bibliothèque nationale et Paul Rivet au Musée de l'Homme. Mais d'autres, Jacques Jaujard aux Musées nationaux, Jeanne Laurent aux Affaires théâtrales ou encore Georges-Henri Rivière aux Arts et traditions populaires, traversent la période. L'équipe installée par Jean Zay est certes décapitée, mais le maintien de l'échelon administratif inférieur permet une certaine continuité. A la Comédie-Française, la mise à l'écart d'Edouard Bourdet dès l'automne 1940 n'interrompt pas le processus de réforme engagé sous le Front populaire. En revanche, la plupart des institutions culturelles, de la Comédie-Française au Conservatoire de Paris, appliquent les lois raciales de Vichy et se plient aux exigences allemandes. La confiscation et la séquestration des biens juifs touchent particulièrement l'édition. La censure de la presse, de la radio et des écrans est très forte et vise à mettre l'ensemble des médias au service du régime.

On retrouve le souci d'organisation dans la continuité du Front populaire — l'Ordre des architectes naît dès décembre 1940, le Comité d'organisation des industries cinématographiques pose les jalons d'un véritable statut du cinéma qui combine logique centraliste et souci corporatiste — ainsi que le souci de la jeunesse : chantiers de Jeunesse, Compagnons de France. Sous Vichy, l'administration culturelle voit notamment son autorité se renforcer. L'autorité de l'Etat passe — au-delà des discours qui vantent les bienfaits de la décentralisation et de la régionalisation — par un fonctionnement très centralisé et par une reprise en main de certains secteurs culturels. Dans le domaine musical, le pianiste Alfred Cortot, très actif au sein du secrétariat aux Beaux-Arts, se met au service de la Révolution nationale.

En 1944, le remplacement de Louis Hautecœur, fidèle maréchaliste, par Georges Hilaire, proche de Pierre Laval, traduit une nette reprise en main de l'administration des Beaux-Arts. Louis Hautecœur, traditionaliste et élitiste, avait suivi, non sans difficultés, une ligne qui consistait à défendre les collections nationales, à acquérir des œuvres d'art, à réformer les musées et les manufactures, à supprimer le Conseil supérieur des Beaux-Arts jugé trop moderniste. Georges Hilaire déclare à *Comœdia* en août 1944, sous le titre « Pour une politique des Beaux-Arts », vouloir « jeter les fondements d'un véritable ministère des arts et de la culture nationale ». L'Etat doit jouer un rôle moteur : « c'est à l'Etat qu'il appartient de constater la nécessité d'une réforme du goût. C'est à lui de l'entreprendre ». La volonté de contrôle de la vie culturelle présente dès les premiers jours du nouveau régime se trouve radicalisée : il s'agit désormais d'orienter les masses et de récuser la liberté de l'art.

Un bon exemple du renforcement des pouvoirs de l'Etat est représenté par la politique menée dans le domaine des musées. On assiste à une réorganisation du réseau muséal français : la loi de 1941 (reprise pour l'essentiel par les attendus de l'ordonnance de 1945) détermine le statut des musées. L'architecture d'ensemble n'est pas sans évoquer la loi de nationalisation des bibliothèques de 1931. Le conservateur des musées classés est désormais un fonctionnaire d'Etat. Par cette loi, la Direction des Musées de France pourra reprendre pied dans les grands musées de province confrontés dans l'entre-deux-guerres à de graves insuffisances financières et à une professionnalisation encore hésitante. Ce nouveau système couplé à l'opportunité des déménagements de collections à protéger permettra à la Libération une première rénovation d'envergure des circuits et de la muséographie des musées de province.

Une législation pour l'archéologie

Cette logique du contrôle étatique est présente également dans le secteur de l'archéologie. Alors que la France finance depuis longtemps des missions archéologiques dans le monde entier, la prise en compte des antiquités nationales reste très défaillante. Les efforts réalisés sous le Second Empire avaient marqué l'archéologie nationale du sceau infamant du césarisme impérial. La Troisième République avait plutôt soutenu l'archéologie classique malgré les efforts de Salomon Reinach. Vichy fait aboutir une législation en gestation depuis 1933.

Jérôme Carcopino et Raymond Vaufrey admiraient les dispositifs mis en place en Allemagne comme en Italie. « Ce faisant, note Alain Schnapp [133], ces deux savants exprimaient, autant que leur inclinaison pour des régimes autoritaires, le désespoir des archéologues français d'avant-guerre face au mépris de l'Etat républicain pour la protection des antiquités. » La loi du 27 septembre 1941, dite loi Carcopino, permet de protéger le sol français. Elle donne à l'Etat les moyens d'agir pour la protection du patrimoine archéologique et l'intervention en cas de risque de destruction. En réalité, le souci de contrôle l'emporte sur la prévention et la gestion. A partir de janvier 1942, le territoire est divisé en deux séries de circonscriptions archéologiques : six préhistoriques et dix-sept pour les Antiquités celtiques, grecques et gallo-romaines.

Ambivalences : de Jeune France à Uriage

Pour la jeunesse, l'association Jeune France malgré sa courte existence (novembre 1940-mars 1942) s'inscrit dans le cadre souhaité par Vichy en conciliant démocratisation et décentralisation. Subventionnée par l'Etat et rattachée au secrétariat à la Jeunesse, Jeune France multiplie les études et les expérimentations dans plusieurs domaines culturels. Les principes définis en 1941 soulignent la nécessité de « servir l'art et les artistes » et de « refaire une culture dans le peuple français et d'abord en éveiller l'appétit ». Cette brochure, peut-être rédigée par Emmanuel Mounier, précise que « Jeune France ne se donne pas pour but de combler les loisirs, mais de refaire une culture. C'est-à-dire que son projet principal n'est ni de distraire ni d'enseigner, mais de transfigurer la vie quotidienne des Français ». Si l'équipe parisienne, dirigée par Paul Flamand, s'attache surtout au renouvellement des langages artistiques, l'équipe lyonnaise, dirigée par Pierre Schaeffer, est plus sensible à l'animation culturelle. L'aide du Commissariat de lutte contre le chômage permet de soutenir sept compagnies de théâtre en zone sud dont La Saison nouvelle de Jean Dasté et La Roulotte d'André Clavé. L'implantation de centres culturels pluridisciplinaires — les « Maisons Jeune France » de Toulouse, Lyon et Aix-en-Provence — servira d'appui à la décentralisation théâtrale de l'après-45.

De même, l'Ecole des cadres d'Uriage participe de cette ambition. Officiellement créée par l'Etat français en décembre 1940, elle assure une activité de formation et d'études jusqu'à sa fermeture en décembre 1942. Une double ambition guide son action : servir la Patrie, en préparant la revanche sur l'occupant, et contribuer à « la renaissance d'une communauté nationale animée par des valeurs spirituelles et humanistes » (Bernard Comte [44]). Les thèmes de la Révolution nationale, initialement acceptés, sont bientôt estompés par les valeurs propres à Uriage : sens et service de l'Honneur, de la Patrie et du Spirituel. La réappropriation de la culture par le peuple s'inscrit au sein d'une réflexion plus large qui vise à réintégrer le monde ouvrier dans la nation.

Esquissant un portrait de Bénigno Cacérès, Joffre Dumazedier a rappelé en 1992 combien l'instructeur à Uriage puis le fondateur de Peuple et Culture ressentait profondément le fossé (à combler) entre la culture des élites cultivées et celle des humbles. Pascal Ory [8] signale la postérité fondamentale, pour la vie culturelle française des vingt années qui suivront la guerre, des individualités issues de Jeune France comme d'Uriage. Il suffit de penser, entre autres, à l'action de Jean Vilar, Maurice Delarue, Claude Roy, Alfred Manessier, René Barjavel, Jean Bazaine, Joffre Dumazedier et Bénigno Cacérès. Le trait commun est le poids du courant personnaliste et spiritualiste qui va ensuite colorer tout un réseau de médiation culturelle. *Le Monde*, les éditions du Seuil, la revue *Esprit* ou encore l'association Peuple et Culture en porteront la marque au lendemain de la Libération. Cela ne veut pas dire que ces acteurs adhéraient à la philosophie de Vichy même si certains, dans un premier temps, furent attirés, avant d'entrer en résistance pour quelques-uns, par un maréchalisme partagé par une grande partie de la population française. L'ambivalence se fonde néanmoins sur une convergence plus idéologique que politique : l'esprit communautaire et la volonté de révolution culturelle pouvaient rencontrer, un temps, la Révolution nationale souhaitée par l'Etat français. La dissolution de Jeune France en mars 1942 est d'ailleurs contemporaine de l'échec de la Révolution nationale.

Un secteur privilégié : le folklore

Un certain folklore trouve son âge d'or sous le régime de Vichy. En premier lieu, Vichy contribue à structurer des organismes et institutions intéressés par le folklore : Musée national des arts et traditions populaires, Commissions de propagande régionaliste avec des relais nationaux (Jeune France) et départementaux. Ce quadrillage culturel, signe d'un fort volontarisme, s'appuie sur les régionalistes, les folkloristes et les érudits locaux. Mais cette rénovation « morale et spirituelle » du pays qui s'articule autour du couple recherche/éducation dans le cadre d'un discours régionaliste se trouve annihilée à partir de 1942 par un centralisme toujours plus accusé de l'Etat. Le champ folklorique proposé par Vichy redessine une vision idéale de la société française. Dans cette nouvelle société, le paysan et l'artisan deviennent les archétypes de l'homme. Le discours oppose un espace rural synonyme d'équilibre « naturel » à un espace urbain en crise et « contre nature ». Le Théâtre, la musique, la danse, l'imagerie, les fêtes agrestes et les pèlerinages, une fois rénovés, portent la trace de cette idéologie.

Dans ce dessein, Vichy dispose de moyens de propagande. L'enseignement, la presse, la radio mais aussi le cinéma ont largement contribué à mettre le folklore à la mode. Même si la jeunesse et le paysan apparaissent comme des interlocuteurs privilégiés, le champ de propagande s'étend à toutes les catégories d'âge et à tous les milieux. Le régime utilise à son profit les divers courants folkloristes des félibriges de Mistral à Henri Pourrat. Cette propagande multiforme a été gênée par les difficultés matérielles, par la présence allemande ainsi que par l'évolution des équipes dirigeantes à la tête de l'Etat français.

La période de Vichy apparaît ainsi comme l'âge d'or des théories folkloristes. Le folklore — support et forme de l'idéologie de la Révolution nationale — s'inscrit comme un modèle qui fait partie intégrante du pétainisme. A leur apogée en 1940-1942, discours et pratiques folkloristes se diluent ensuite dans le courant européen de l'ordre nouveau (Christian Faure [33]).

Les limites de la Révolution nationale

Ce volontarisme culturel, partie prenante de la Révolution nationale, n'est guère mobilisateur. L'Etat français ne sait ni ne peut imposer des formes spécifiques d'expression artistique. Ainsi, et au-delà d'une imagerie maréchaliste bien présente, le régime n'a pu susciter un véritable « art maréchal » à l'image des réalisations culturelles de l'Allemagne nazie ou de l'Italie fasciste. De même Vichy ne développe pas d'art théâtral officiel. Certes, plusieurs hymnes, étudiés par Nathalie Dompnier [106], dont le célèbre « Maréchal nous voilà ! », sont composés en l'honneur du régime. Ils constituent surtout une forme d'embrigadement des populations. Philippe Pétain qui porte généralement peu d'intérêt à l'art est cependant sensible au choix des portraits officiels. Le Service artistique personnel du Maréchal contrôle les usages de l'image du chef de l'Etat. Tous les objets distribués comme cadeaux portent son portrait ou la francisque. Laurence Bertrand Dorléac note qu'« avec ce service attaché exclusivement à sa personne, il inventait une institution en marge des directions artistiques traditionnelles et rompait avec les habitudes républicaines qui n'avaient jamais cultivé une telle imagerie autocratique » [119].

La volonté de structurer les professions artistiques dans le cadre corporatiste défini par la Charte du travail (1941) échoue également dans une large mesure. La Famille professionnelle du spectacle (FPS), instaurée en avril 1942, est une « structure mort-née » (Serge Added [100]). De même, le projet de corporation des arts graphiques et plastiques n'aboutit pas. Cependant, la multiplication des Comités d'organisation conduit dans plusieurs secteurs à la reconnaissance officielle des organisations professionnelles d'avant-guerre. Ce sont également ces comités qui gèrent la pénurie des matières premières.

Au-delà des évidentes continuités de structures avec le Front populaire, les différences, entre les deux périodes, pointées par Henry Rousso [44], demeurent essentielles : le poids de la défaite et de l'Occupation, la mise en place d'un Etat autoritaire en lieu et place d'un régime parlementaire. De fait, le régime de Vichy « n'a rien fait pour desserrer l'étau. Piégé par les clauses de l'armistice, aiguillonné de la voix et de la plume par les collaborateurs parisiens, le régime du Maréchal a [...] bien servi l'occupant en jouant activement son propre rôle culturel, en tentant d'imposer la fiction de sa souveraineté sur la zone nord en bonne collaboration avec lui, en surveillant activement le reste du territoire national démembré » (Jean-Pierre Rioux [45]).

La politique culturelle allemande

Vichy doit compter voire collaborer avec la politique culturelle menée par le Reich en France. Cette politique allemande n'est pas sans conséquences pour la vie culturelle française : l'exclusion des indésirables, le bâillonnement de la liberté d'opinion et d'expression sans oublier la mainmise, plus ou moins forte selon les secteurs, sur la presse, la radio, la production et la diffusion des films, des lettres et des arts.

Les Allemands mènent notamment une active politique musicale en France. La musique, par nature apolitique, est utilisée pour favoriser la communication entre les deux peuples. Il s'agit de restaurer une image de marque grâce à la programmation de musique allemande classique et contemporaine. Radio-Paris, placée sous l'étroit contrôle de la *Propaganda Abteilung*, offre une programmation musicale de qualité. Son orchestre s'assure les services des meilleurs instrumentistes.

Les autorités allemandes réactivent les relations

culturelles entre l'Allemagne et la France. En octobre 1941, un groupe de sculpteurs et de peintres visitent l'Allemagne. Le directeur des Beaux-Arts, Louis Hautecœur, encourage cette initiative. De même, le traditionnel Comité des artistes français conseille le départ de la délégation « non seulement pour la question des prisonniers, mais aussi pour celle du prestige de l'art français ».

Cette politique culturelle allemande est liée à l'évolution de la politique de collaboration entre le Reich et Vichy. Le renvoi de Pierre Laval le 13 décembre 1940 et la révolution de palais qui l'accompagne à Vichy condamnent une collaboration comprise comme la simple soumission à la loi du vainqueur. Pour la propagande allemande, cette crise politique se traduit par le rôle croissant dès lors laissé à l'ambassade aux dépens du MBF et de la *Propaganda*. A partir de janvier 1941, l'ambassade met en œuvre une double stratégie : activer les associations chargées de propager les thèses de la collaboration et surtout développer de multiples manifestations culturelles sous le signe des échanges franco-allemands. Et même si l'objectif ultime vise toujours à briser « l'impérialisme culturel de la France », la « collaboration culturelle » participe désormais à la construction de « l'Europe nouvelle ». L'ambition de l'Institut allemand, qui dépend de l'ambassade, est en partie de proposer aux élites intellectuelles et artistiques françaises de reprendre les fructueux échanges de l'avant-guerre. Aussi, en 1941 et 1942, plusieurs délégations d'intellectuels et d'artistes prennent le chemin d'outre-Rhin. Le cent cinquantième anniversaire de la naissance de Mozart est l'occasion d'inviter Louis Hautecœur et Jacques Rouché à se rendre, en compagnie des compositeurs Marcel Delannoy, du Suisse Arthur Honegger, Gustave Samazeuilh et Florent Schmitt, à Vienne. De même, les sculpteurs et les peintres sont précédés de quelques semaines par une délégation d'écrivains (Abel Bonnard, Robert Brasillach, Drieu La Rochelle, Jacques Chardonne, André Fraigneau et Marcel Jouhandeau) qui se rendent au premier congrès des écrivains de « l'Europe nouvelle ». L'expérience se renouvelle à l'automne 1942. Mais l'apogée de cette stratégie de domination par la séduction est atteint lors du voyage d'une délégation représentant le monde du cinéma. Ce voyage, qui se déroule du 18 au 31 mars 1942, bénéficie d'une très large couverture des médias allemands. Au printemps 1942, ces artistes participent, avec Maillol, au Comité d'honneur de l'exposition parisienne d'Arno Breker, véritable artiste officiel du Reich, aux côtés de gouvernementaux (Bonnard, Hautecœur), d'écrivains (Brasillach, Chardonne, Drieu La Rochelle...) ou encore d'architectes (Greber, Perret...). La réception de l'artiste à Matignon par Pierre Laval, revenu aux affaires, matérialise et légitime la réalité de cette « collaboration culturelle ». Après 1942, les échanges se limitent à l'invitation, mais à titre individuel, de personnalités françaises.

Ces voyages en Allemagne deviennent bien lourds à assumer dans le contexte de la Libération et de l'épuration. Jugés par des comités professionnels, ces artistes sont exclus pour la plupart de la vie artistique parisienne. Mais cette épuration, somme toute relativement modérée, confirme à sa façon la hiérarchie du champ des intellectuels en France. Laurence Bertrand Dorléac souligne que « si les écrivains avaient, la plupart du temps, résisté de façon aussi sibylline que les artistes, leurs prises de position avaient été souvent plus explicites, et donc plus facilement jugeables. L'œuvre d'art n'était pas régie par les mêmes codes de lisibilité » [119].

Dans certaines régions, la politique culturelle allemande participe d'une ambition plus affirmée. Ainsi dans une Alsace annexée au Reich, cette politique, renforcée par une propagande omniprésente, vise à lutter contre les influences culturelles françaises et à éradiquer la culture alsacienne. Défrancisation des noms de localités et de rues, destruction de monuments commémoratifs, épuration des bibliothèques confortent une active présence artistique allemande. La volonté de faire de Strasbourg un des premiers grands foyers culturels allemands passe par une politique théâtrale et musicale qui offre au public le meilleur de la scène d'outre-Rhin. A la Libération, par réaction à cette annexion de fait, les Alsaciens s'intègrent davantage à la communauté française et font taire pour plusieurs années le particularisme alsacien. Comme le souligne Bernard Vogler, « la politique culturelle nazie a certainement mieux œuvré que deux siècles de politique française d'assimilation à couper l'Alsace de son héritage culturel germanique » [99].

La Résistance : un projet alternatif ?

La Résistance, par-delà ses manifestations politiques et militaires, travaille à construire la France de l'après-guerre. Cette pensée est fortement marquée par l'analyse de la défaite et du rôle des élites. Une nouvelle conception de l'éducation en sortira. Les politiques éducatives et de la jeunesse estompent la question de la politique culturelle. Jusqu'en 1944, la question de la diffusion de la culture est peu présente chez les Résistants. Seul *Refaire la France*, ouvrage de Michel Debré et Emmanuel Mönick, rédigé en 1943 et publié en 1945, évoque une politique culturelle au service du prestige de la France. La Charte du CNR (15 mars 1944) demeure assez imprécise sur ce sujet tout en posant le principe d'une démocratisation de la culture. Des réformes devront offrir « la possibilité effective pour tous les enfants français de bénéficier de l'instruction et d'accéder à la culture la plus développée quelle que soit la situation de fortune de leurs parents ».

Les héritiers d'Uriage proposent, en février 1945, la création dans chaque ville d'un centre d'éducation ouvrière. Les Comités départementaux de Libération (CDL) alpins fortement influencés par l'esprit d'Uriage militent pour la promotion de « l'éducation populaire ». La création à Grenoble en décembre 1944 de l'association Peuple et Culture est l'aboutissement d'une réflexion issue d'Uriage et reprise au sein des Equipes volantes du Vercors. Des initiatives marquées par la même philosophie sont prises à Annecy (Centre d'éducation civique et culturelle des Marquisats), à Lyon (Maison de la culture) et à Chambéry. En juillet 1945, les Etats généraux de la Renaissance française, organisés par un CNR fragilisé, prennent position en faveur de « l'aide de l'Etat à la pensée [...] par le développement des œuvres postscolaires, des foyers ruraux, des maisons de jeunes et par la décentralisation des musées, des théâtres et des bibliothèques ». A la Libération, Maxime Blocq-Masquart, l'un des responsables de l'Organisation civile et militaire (OCM), évoque, dans son ouvrage programme « études pour une nouvelle révolution française », un vaste projet de « réforme de la vie culturelle ». Celui-ci n'est pas sans rappeler le ministère rêvé par Jean Zay au soir du Front populaire : le « ministère de la vie culturelle » est composé d'un « secrétariat d'Etat à l'Education nationale » et d'un « secrétariat d'Etat à l'Expression nationale ».

Au total, ces initiatives sont tardives et minoritaires. Alors que les réformes de l'éducation pourront s'appuyer sur un important travail de réflexion préalable, la Direction de la Culture populaire et des Mouvements de Jeunesse, confiée à l'automne 1944 à Jean Guéhenno, partira de presque rien. « C'est, écrit Jean-François Muracciole [40], parmi les causes de son échec, celle qui a été la moins soulignée. »

Le volontarisme culturel de l'Etat français a échoué dans sa volonté de régénérer la société et la scène culturelle nationale. Partie prenante de la Révolution nationale, son action se heurte à la « mise au pas » (Rita Thalmann) orchestrée par les Allemands.

Le régime de Vichy conduit à un renforcement de l'administration culturelle du pays. Certaines réformes — lois sur les musées et sur le spectacle — ne seront d'ailleurs pas remises en cause à la Libération.

CHAPITRE IV

L'ESPÉRANCE CONTRARIÉE

La Libération consacre la lecture démocratique de l'intervention culturelle de l'Etat. La montée en puissance du *Welfare State* (Etat du bien-être) ne peut que renforcer cette tendance dominante.

L'utopie militante est cependant vite déçue. Les impératifs de l'heure et le manque de volonté politique contribuent à maintenir le traditionnel soutien aux Beaux-Arts. De surcroît, le temps de la guerre froide fragilise les démarches consensuelles. Quelques expériences, en premier lieu la décentralisation théâtrale, ouvrent cependant de nouvelles perspectives.

De nouveaux principes

La double ambition de démocratisation et de décentralisation, présente pendant le régime de Vichy, se retrouve avec vigueur à la Libération. Les espoirs suscités par la Libération, dans la droite ligne des idéaux de la Résistance et de projets élaborés depuis Londres et Alger, touchent notamment les domaines culturels.

Symboliquement, le préambule de la constitution du 27 octobre 1946 enregistre une innovation en garantissant pour la première fois des droits culturels. La nation garantit « l'égal accès de l'enfant et de l'adulte à l'instruction, à la formation professionnelle et la culture ». Mais cette reconnaissance constitutionnelle de droits culturels est de peu de portée en l'absence d'une volonté explicite du Parlement.

Les Beaux-Arts toujours

Si on excepte l'éphémère ministère de la Jeunesse, des Arts et des Lettres confié à Pierre Bourdan, jeune ministre UDSR et ancienne voix de la France sur les ondes de la BBC à Londres, de janvier à octobre 1947, les Beaux-Arts demeurent sous la tutelle du puissant ministère de l'Education nationale. Ils bénéficient pour certaines périodes d'un secrétariat d'Etat spécialisé. Mais ce secrétariat ne s'occupe ni du cinéma, ni du livre, ni surtout de la radiotélévision placée sous la tutelle très politique d'un ministère de l'Information et laisse assez vite échapper le domaine socio-culturel. Une certaine continuité est à signaler malgré l'instabilité ministérielle. Ainsi, le radical André Cornu occupe le poste sous cinq ministères d'août 1951 à juin 1954. Ensuite, Jacques Bordeneuve, membre également du parti radical, est secrétaire d'Etat aux Arts et aux Lettres dans le gouvernement Guy Mollet en 1956-1957. Ce dernier s'investit notamment dans la protection du patrimoine national en accélérant la restauration de Versailles.

Au plan administratif, une seule nouveauté s'impose : la création, dès novembre 1944, d'une direction générale des Arts et Lettres, confiée à Jacques Jaujard. Celui-ci, qui s'était illustré dans la protection du patrimoine national comme directeur des Musées nationaux de 1939 à 1944, restera en poste jusqu'à l'aube de la Vᵉ République. Cette direction générale comprend cinq directions : Arts plastiques (qui devient direction de l'Enseignement et de la production artistique fin 1946), Musées de France, Spectacles et Musique, Bibliothèques de France et Lecture publique, Archives de France et un service des Lettres. La Direction générale de l'Architecture est composée d'une direction des « bâtiments, palais et ordonnances urbaines » et d'une direction des Monuments historiques ainsi que d'un service des « sites, perspectives et paysages ». Cette stabilité administrative est pourtant fragilisée par un éloignement géographique (rue Saint-Dominique et rue de Valois) qui traduit un manque de direction commune au sein des Beaux-Arts voire même vis-à-vis de l'Education nationale sise rue de Grenelle.

Un budget modeste

Enfin et surtout, la manne financière de l'Etat demeure bien modeste : 2,6 milliards de francs, soit 0,17 % du budget de l'Etat en 1950 et 4 milliards de francs, soit 0,10 % en 1954 sont attribués aux Beaux-Arts. L'administration des Beaux-Arts peine à convaincre la direction du Budget du bien-fondé de ses revendications alors que le Parlement accorde assez peu d'intérêt à ces questions. Le Budget, à l'image d'un discours déjà bien ancré sous la Troisième République, dénonce la mauvaise gestion financière des Beaux-Arts. Jean-François Chougnet [30] montre combien le ministère des Finances présente une véritable opposition doctrinale à l'élargissement de la palette des interventions dans le domaine culturel. Cette tension entre les Beaux-Arts et le Budget est l'une des constantes de l'histoire des politiques publiques de la culture.

La conjoncture politique pèse aussi sur l'évolution possible du budget des Beaux-Arts. En 1953, le budget du TNP de Jean Vilar est victime de l'anticommunisme latent. De surcroît, après 1954, les ravages idéologiques, moraux et financiers du « cancer » algérien laissent peu de place aux états d'âme culturels.

Soutien à l'éducation populaire

En septembre 1944, la création d'une Direction des Mouvements de Jeunesse et de la Culture populaire, confiée à Jean Guéhenno, avait pourtant suscité de larges espérances chez tous ceux qui estimaient que la culture populaire pouvait contribuer à régénérer la démocratie.

L'héritage vichyste est cependant bien lourd à porter malgré une ferme volonté de rééquilibrer les influences en réhabilitant les forces laïques. Dans un contexte fortement marqué par les tensions entre confessionnels et laïques, le rôle principal de la Direction est de distribuer des subventions aux mouvements et institutions ainsi que de former des cadres. En outre, l'éducation populaire prime bientôt sur le seul souci de la jeunesse. Cela étant, par le jeu des légitimations diverses, des mises à disposition de personnels et de la cogestion, l'Etat exerce une influence grandissante sur le monde associatif.

Malgré (ou à cause du) le dynamisme militant des mouvements d'éducation populaire — de *Peuple et Culture* aux *Maisons de Jeunes* —, l'Etat ne parvient pas à forger une véritable politique. De plus, à partir de 1947, le climat de guerre froide suscite de nombreuses fractures au sein même des mouvements d'éducation populaire. Si *Peuple et Culture* parvient à maintenir l'équilibre entre spiritualistes et communistes, *Travail et Culture*, proche de la CGT, s'aligne de plus en plus sur les positions du PCF. Depuis 1947, le PCF a récusé sa ligne d'ouverture culturelle pour un repli sur sa fonction de section du mouvement communiste international. Le jdanovisme consacre la rupture et encadre la lecture communiste du culturel : affaire Lyssenko, « batailles du livre » (1950-1952), affaire du portrait de Staline par Picasso (1953).

Après de multiples vicissitudes, la fusion de cette

Direction avec le service des Sports en 1948 témoigne des limites de cette « espérance contrariée » [32].

Quelques innovations

Dans quelques secteurs, plusieurs réalisations permettent cependant d'envisager une politique plus volontariste. Ces inflexions, souvent modestes, vont durablement marquer les modalités de l'intervention publique.

Dans le domaine des Bibliothèques, la création, en août 1945, d'une Direction des bibliothèques et de la lecture publique, confiée à Julien Cain, témoigne de la volonté de l'Etat d'engager une véritable politique de la lecture publique. Le lancement des bibliothèques centrales de prêt (BCP) dans le cadre départemental est l'une des premières mesures qui traduit cette politique. Service extérieur de l'Etat, la BCP s'inscrit toujours dans une logique de décentralisation culturelle impulsée par l'Etat. L'ambition de couvrir le territoire en dix ans ne peut cependant aboutir : seules 21 BCP fonctionnent en 1961. La reconstruction des bibliothèques détruites et l'effort en faveur des bibliothèques universitaires absorbent l'essentiel du maigre budget dont dispose la Direction des bibliothèques.

Dans le domaine des Musées, l'essentiel est constitué par la reconnaissance de l'art moderne avec l'ouverture du Musée national d'Art moderne en juin 1947. L'acquisition par l'Etat, grâce à Georges Salles, Jean Cassou et Robert Rey, d'œuvres d'artistes du premier vingtième siècle conforte cette politique. Georges Salles, actif directeur des Musées de France, peut s'écrier : « Aujourd'hui cesse le divorce entre l'Etat et le génie ». Par ailleurs, l'ordonnance du 13 juillet 1945 organise le monde des musées en distinguant musées nationaux, musées classés et musées contrôlés par l'Etat. La création d'une Commission des musées de province et d'une inspection générale des musées de province témoigne du nouvel intérêt de la Direction des Musées de France au-delà des seuls musées nationaux. L'intervention financière de l'Etat, bien que toujours modeste, permet également de dépasser la logique du contrôle au profit d'une politique d'assistance et de coordination.

Plusieurs projets peinent cependant à se concrétiser. La Caisse nationale des Lettres, initiée par la loi dès 1946, ne peut réellement fonctionner qu'à partir de 1956. L'objectif principal est d'améliorer la condition matérielle et sociale des écrivains. La Caisse encourage les productions littéraires les plus menacées par le marché, finance un régime de protection sociale des écrivains et protège les adaptations des œuvres littéraires. Pourtant, la Caisse devient bien vite le banquier des éditeurs. Cette action inaugure « les débuts d'une politique du livre » (Yves Surel [117]). De même, la loi, attendue depuis 1937, « sur la propriété littéraire et artistique » n'aboutit, après des années de débats et de navettes, qu'au crépuscule de la IVe République (11 mars 1957). Cette loi reste « sans doute encore à ce jour l'une des étapes fondamentales dans la reconnaissance juridique, et sans doute même symbolique, de la condition d'écrivain » (Yves Surel).

Un enjeu politique et culturel : le cinéma

Le cinéma continue à s'organiser sous l'étroit contrôle de l'Etat. Le 25 octobre 1946 est créé le Centre national de la cinématographie (CNC), héritier du COIC de Vichy, alors même que les accords Blum-Byrnes (mai 1946) ouvrent les écrans français aux productions de l'industrie cinématographique américaine. Ces accords « représentent la “grande peur” du cinéma hexagonal » (Emmanuelle Loyer). Les réflexes corporatifs rencontrent l'instrumentalisation du PCF pour une « défense du cinéma français » et conduisent à une réaction des pouvoirs publics. Le CNC organise la profession, administre le contrôle des films et gère l'aide publique au cinéma. En 1948, une loi, actualisée en 1953, inaugure cette aide de l'Etat à l'industrie cinématographique française. Comme le souligne Jean-Pierre Jeancolas, s'établit « un compromis souple entre l'économie libérale et le dirigisme étatique, une formule mixte pilotée à vue par le CNC qui a, au moins, assuré la survie d'un cinéma national jusqu'aux années quatre-vingt-dix » [142]. L'Etat soutient également l'Institut des hautes études cinématographiques (IDHEC) créé en 1944 et la cinémathèque d'Henri Langlois.

Une nationalisation du théâtre

De cette grisaille émerge l'action de Pierre Bourdan qui lance, avec Jeanne Laurent, chartiste atypique et sous-directrice de la direction des spectacles et de la musique à la Direction des Arts et Lettres, la décentralisation théâtrale. Cette initiative marque à la fois l'organisation du théâtre et le mode de coopération entre les artistes et les pouvoirs publics.

La décentralisation théâtrale influence durablement l'histoire du théâtre contemporain français et fait figure aujourd'hui de passé fondateur. Cette politique s'inscrit dans le droit fil de la création en mai 1946 du concours des jeunes compagnies qui permettait de mettre en lumière les talents de province sur une scène théâtrale fortement centralisée. En 1945, la capitale offre 52 salles contre seulement 51 pour tout le reste du pays. En juillet 1947, Pierre Bourdan met sur pied l'aide à la première pièce.

La politique de décentralisation théâtrale menée à partir de 1946 peut être considérée comme le point de départ de la contractualisation avec les collectivités locales. Mais si on excepte le Centre dramatique de l'Est porté par un syndicat intercommunal, force est de constater que cette décentralisation théâtrale se soucia bien peu d'aller à la rencontre des réalités culturelles régionales.

Elle repose essentiellement sur la volonté centrale d'opérer un certain rééquilibrage au profit de la province, mais l'Etat reste maître des financements et de la nomination des directeurs. Aussi, comme le souligne Jean-Pierre Rioux [98], faut-il bien comprendre que dans un contexte jacobin, cette décentralisation théâtrale n'est envisagée que comme une nationalisation parmi d'autres. A Saint-Etienne (1947), Toulouse (1947), Rennes (1949) et Aix-en-Provence (1952), il s'agit bel et bien d'installer des Centres nationaux. La rhétorique administrative rend parfaitement compte des intentions ministérielles qui récusent toute éthique ou culture de province. Pourtant, cette nationalisation n'est pas une centralisation dirigiste. Le succès de la procédure mise en œuvre par Jeanne Laurent, soutenue par Pierre-Aimé Touchard, repose sur une grande souplesse. L'Etat ne fait que reconnaître des besoins exprimés localement par quelques individualités (Jean Dasté, Maurice Sarrazin, Gaston Baty...) du monde du théâtre.

Cependant, cette décentralisation permet d'échapper à la fois à Paris et à son théâtre commercial vilipendé par quelques minorités éclairées qui se réclamaient du Cartel ou de l'expérience menée dans l'entre-deux-guerres par Jacques Copeau en Bourgogne. La philosophie de ce théâtre qu'il s'agit de replacer au centre de la cité est claire : refus du théâtre marchandise, souci d'aller au peuple (on parle alors d'un « public populaire »), relecture du répertoire classique et ouverture aux auteurs contemporains.

Le TNP de Jean Vilar : un « service public »

En septembre 1951, Jeanne Laurent complète ce dispositif en confiant à Jean Vilar — fondateur en 1947 d'un festival en Avignon qui s'impose en 1951 avec un *Cid* qui voit Gérard Philipe incarner Rodrigue — le Théâtre national populaire. Dans un esprit proche de la décentralisation théâtrale, Jean Vilar parvient à imposer l'idée d'un théâtre service public : « Dieu merci, il y a encore certaines gens pour qui le théâtre est une nourriture aussi indispensable à la vie que le pain et le vin. C'est à eux que s'adresse d'abord le Théâtre national populaire. Le TNP est donc, au premier chef, un service public. Tout comme le gaz, l'eau et l'électricité » (1953). En revanche, le lien entre Paris et la province n'est pas une priorité pour Jean Vilar et sa présence estivale en Avignon ne relève pas d'une logique décentralisatrice.

Jean Vilar participe de cette utopie qui souhaite l'avènement d'une démocratie sociale et culturelle dont le théâtre serait l'un des vecteurs. Par-delà le volontarisme de son directeur, le TNP, de par son idéologie et ses réseaux de sociabilité, s'inscrit, comme le montre Emmanuelle Loyer [104], dans la large mouvance de l'éducation populaire. Sa mission de démocratisation culturelle passe surtout par une véritable stratégie de reconquête des publics populaires. Un répertoire structuré essentiellement autour des classiques français et étrangers est proposé à un public à élargir socialement et pour qui l'on efface les limites symboliques : heures tardives, ouvreuses et pourboires, prix des places élevés sont remisés au placard des rituels désormais inutiles. Le TNP s'appuie sur des relais militants que sont les comités d'entreprises et les associations issues du courant de l'éducation populaire. Faire un théâtre qui unit par temps de guerre froide est une gageure. Le pari se solde cependant par une réelle réussite : le répertoire classique, la particularité du lieu scénique, l'idéal du nouveau comédien, la médiation directe entre le texte et le public contribuent à expliquer cette indéniable résonance sociale. Coincé entre le soutien conditionnel du PCF et la critique de la droite, l'espace de liberté dont dispose Vilar est pourtant étroit. A partir de 1955, les débats avec la revue brechtienne *Théâtre populaire* témoignent d'une divergence fondamentale sur la conception du théâtre populaire malgré la politisation croissante du TNP. Au théâtre service public, en vue d'une communauté réconciliée et d'une éducation civique du peuple, s'oppose désormais un théâtre comme moyen d'émancipation politique et sociale dans le cadre d'une société divisée, travaillée par les luttes de classes. Si en 1963, les rapports tendus avec les pouvoirs publics et de réelles difficultés économiques éclairent les conditions du départ de Jean Vilar, l'essentiel est sans doute dans l'écart croissant entre l'idéologie socialiste et personnaliste, profondément réformiste du TNP, et un air du temps marqué de plus en plus par un anti-humanisme.

Gérard Philipe qui passe des planches au cinéma personnifie alors (et pour la postérité) les interpénétrations de la culture classique et de la culture de masse qui marquent ces années cinquante. Mais dès 1952, la principale initiatrice de cette politique, Jeanne Laurent, est remerciée. Il faut attendre André Malraux pour assister à une relance de cette politique de décentralisation théâtrale. De fait, la Troisième force au pouvoir n'inscrira guère son nom au tableau d'honneur des politiques culturelles.

Dépasser les Beaux-Arts

En 1955, *La République et les Beaux-Arts* de Jeanne Laurent fustige cet Etat modeste. L'ancienne responsable de la politique de la décentralisation théâtrale préconise la mise en œuvre d'une véritable politique culturelle. L'ouvrage joue un rôle pédagogique certain et marque symboliquement l'émergence d'une volonté de rupture avec la gestion des Beaux-Arts.

Cette prise de position n'est pas isolée. Dans la livraison des *Cahiers de la République* de décembre 1956, Robert Brichet, chef du service de la Jeunesse et de l'Education populaire au secrétariat d'Etat à la Jeunesse et aux Sports, plaide « Pour un ministère des Arts ». Il constate l'écart culturel croissant entre les élites et la majorité de la population dans un contexte marqué par l'affirmation de la culture de masse : « Or, à l'heure actuelle, seule une minorité participe aux bienfaits des arts. Une aristocratie peut toujours acheter des peintures, des meubles de style, entendre de grands concertistes, applaudir un ballet à l'Opéra ou quelque reprise au Théâtre-Français, payer les droits d'entrée pour ricaner devant Picasso au musée d'Antibes, ou admirer le spectacle “Son et Lumière” de Versailles. Les autres n'ont qu'à écouter la radio ou assister au défilé du 14 juillet. On ne saurait frustrer le peuple plus longtemps. » La solution passe par l'autonomie ministérielle : « La IVe République doit se ressaisir, devenir une grande République démocratique et désigner un ministre responsable de la haute mission d'élever le niveau culturel de la nation ».

On comprend mieux dès lors la rupture engendrée par la création, sous la Ve République gaullienne, d'un ministère à part entière ; ministère confié de surcroît à un des intellectuels les plus renommés de son temps : André Malraux. Il reste que la politique « malruxienne » s'inscrit dans une épaisseur historique certaine et doit gérer un héritage non négligeable. Dès lors, et au-delà des discours fondateurs de Malraux, il faut bien comprendre que si la Ve République permet l'institutionnalisation d'un véritable ministère, elle est redevable d'une pratique déjà longue marquée par des logiques institutionnelles. Ces logiques sont très fortes et le jeune ministère des Affaires culturelles, malgré son souci de cohérence globale, aura bien du mal à sortir des logiques sectorielles.

DEUXIÈME PARTIE

L'ÉTAT ESTHÉTIQUE (1958-1969)

CHAPITRE I

L'INVENTION DE LA POLITIQUE CULTURELLE

La date de 1959 est souvent considérée comme l'an zéro des politiques culturelles publiques en France. Cette allégation n'est pas fausse, même si l'intervention de l'Etat et des collectivités locales s'inscrit, on l'a vu, dans un héritage historique qui est loin d'être négligeable.

Il n'en reste pas moins vrai que la création en 1959 par la Cinquième République naissante d'un ministère des Affaires culturelles, émancipé de la puissante Education nationale, demeure une rupture essentielle. « L'invention de la politique culturelle » (Philippe Urfalino [27]) est bien d'essence gaullienne.

Cette rupture, incarnée par André Malraux, est aussi une stratégie assumée par les acteurs administratifs qui souhaitent instituer une nouvelle forme d'intervention publique.

L'ami génial

« A ma droite j'ai et j'aurai toujours André Malraux. La présence à mes côtés de cet ami génial, fervent des hautes destinées, me donne l'impression que, par là, je suis couvert du terre à terre. L'idée que se fait de moi cet incomparable témoin contribue à m'affermir. Je sais que dans le débat, quand le sujet est grave, son fulgurant jugement m'aidera à dissiper les ombres. »

C'est en ces termes que le général de Gaulle évoque, en 1970, dans ses *Mémoires d'espoir* ses liens exceptionnels avec André Malraux. L'admiration que le Général porte à l'écrivain inspiré rencontre la fidélité absolue que ce dernier voue au chef de l'Etat. Cette admiration mutuelle et cette relation singulière contribuent à conférer à Malraux ministre une assez grande liberté d'action. Le président de la République suit cependant les principaux dossiers et accorde une réelle importance à son rôle de protecteur des Arts et des Lettres. A ce titre, le général de Gaulle, conseillé par Malraux, reçoit et décore de nombreux artistes.

De surcroît, au moment de sa nomination André Malraux bénéficie d'une très grande notoriété où l'écrivain et le militant se rejoignent. Proche de la gauche dans l'entre-deux-guerres, « compagnon de route » du parti communiste, l'auteur de *La Condition humaine* (prix Goncourt 1933) participe aux combats de l'antinazisme et de l'antifascisme. Engagé en guerre d'Espagne aux côtés des républicains, il en tire *L'Espoir* (1937). Sa résistance tardive ne l'empêche pas de prendre le commandement de la brigade « Alsace-Lorraine » en 1944.

Entré en gaullisme, il devient ministre de l'Information en novembre 1945. A partir de 1947, il milite au sein du RPF et collabore à *Liberté de l'esprit*. Il continue une œuvre littéraire et s'interroge notamment sur le statut de l'art : *Le Musée imaginaire* (1947), *La Création artistique* (1948), *Léonard de Vinci* (1951) ou encore *Vermeer de Delft* (1952). André Malraux est au sommet de la scène littéraire française. Sa renommée est mondiale et son nom est évoqué pour le prix Nobel.

En 1958, le retour du général de Gaulle le replace sur la scène politique : ministre délégué à la présidence du Conseil, chargé de l'Information puis, le 9 janvier 1959, ministre d'Etat, chargé en juillet des Affaires culturelles. Dans un climat intellectuel toujours dominé par le communisme, malgré le traumatisme de 1956, André Malraux est l'un des seuls intellectuels d'envergure proche de la nouvelle majorité.

« Faire quelque chose de grandiose »

Aussi, la nomination de Malraux aux Affaires culturelles doit beaucoup à la volonté gaullienne de conserver au sein du gouvernement l'un des rares intellectuels entrés en gaullisme mais à un poste politiquement moins sensible que celui de l'information. Dès juillet 1958, le général de Gaulle songe à confier une nouvelle fonction à André Malraux. La médiation de Georges Pompidou, directeur du cabinet du dernier Président du Conseil de la IVe République, facilite ce changement désiré au plus haut de l'Etat. Ces propos, rapportés par Alain Peyrefitte, éclairent le choix gaullien : « André, le Général a prévu pour vous de faire quelque chose de grandiose. Mais il faut que nous le précisions ensemble. Il voudrait que vous vous occupiez de culture. Il voudrait que vous vous occupiez d'art. Il n'y a dans la tradition de la IIIe et de la IVe République qu'un misérable sous-secrétariat ou secrétariat d'Etat aux Beaux-Arts, sans moyens et sans allure. Il faut aller beaucoup plus loin que cela, il faut faire quelque chose qui soit la plus haute fonction de l'Etat ». Le 8 juillet, André Malraux est chargé « de la réalisation de divers projets et notamment de ceux ayant trait à l'expansion et au rayonnement de la culture française ».

La concrétisation d'un véritable ministère chargé des Affaires culturelles attend quelques mois encore. Dans ses mémoires publiés en 1988, Michel Debré évoque un entretien avec le général de Gaulle au moment de sa nomination comme Premier ministre au début de l'année 1959 : « Il vous sera utile de garder Malraux. Taillez pour lui un ministère, par exemple en regroupant des services que vous pourrez appeler "Affaires culturelles". Malraux donnera du relief à votre gouvernement ».

Le style Malraux

Au sein du gouvernement, André Malraux n'est pas seulement le spécialiste attitré des Affaires culturelles. A plusieurs reprises, le verbe « malruxien » se met au service du pouvoir et de la France. Lorsqu'il s'agit de défendre la culture universelle de l'Acropole à Assouan, ou d'honorer comme il se doit quelques grandes figures nationales — Jean Moulin, Georges Braque ou Le Corbusier —, la voix de Malraux s'élève et touche l'opinion publique. Cette alliance entre culture, pouvoir et commémoration n'est pas une nouveauté. Pour autant, le style Malraux conforte une tendance pluriséculaire alors même que la nouvelle république renoue avec certains fastes et pratiques monarchiques.

Le ministre-écrivain se fait également le *missi dominici* de la France gaullienne. A plusieurs reprises, il représente à l'étranger le général de Gaulle lors de fêtes et commémorations. Les Antilles, l'Inde, le Japon, le Sahara, le Brésil, le Pérou, l'Argentine, le Mexique, le Tchad, le Congo, les Etats-Unis, la Finlande, le Canada, la Chine, le Sénégal et le Niger accueillent le verbe « malruxien ». Aussi comme le souligne Janine Mossuz-Lavau, « pleinement ministre, il est aussi plus que cela. Son prestige lui vaut de devenir, en bien des occasions, le missionnaire de son pays à l'étranger, où il doit œuvrer à rétablir une confiance en la France, ébranlée par la guerre d'Algérie ».

La notoriété de Malraux écrivain vient renforcer celle nouvellement acquise par Malraux ministre. Un sondage d'octobre 1967 témoigne d'une situation singulière : beaucoup de Français ne se prononcent pas mais parmi ceux qui le connaissent Malraux jouit d'un grand prestige.

QUELLE OPINION AVEZ-VOUS DE M. MALRAUX COMME ÉCRIVAIN : TRÈS BONNE, PLUTÔT BONNE, PLUTÔT MAUVAISE, TRÈS MAUVAISE ? ET COMME MINISTRE DES AFFAIRES CULTURELLES ?		
	9-16 octobre 1967	
	Ecrivain	Ministre
	%	%
Très bonne opinion	14	10
Plutôt bonne opinion	28	29
Plutôt mauvaise opinion	2	10
Très mauvaise opinion	1	3
Ne se prononcent pas	55	48
	100	100
Source : *Sondages*, 1967, n° 4.		

De surcroît, en tant que ministre des Affaires culturelles, les « bonnes opinions » l'emportent sur les « mauvaises opinions » dans toutes les formations : 52 % (contre 5 %) des électeurs de l'UD Ve République, 38 % (contre 20 %) des électeurs du Centre démocrate, 41 % (contre 5 %) des électeurs de la FGDS et 36 % (contre 23 %) des électeurs communistes.

La rupture avec les Beaux-Arts

L'année 1959 est essentielle pour la formalisation du ministère des Affaires culturelles. Le décret du 3 février 1959 transfère à Malraux des attributions précédemment dévolues au ministère de l'Industrie et, surtout, au ministère de l'Education nationale. Le 22 juillet 1959, André Malraux reçoit le titre de ministre d'Etat chargé des Affaires culturelles.

La rupture avec les Beaux-Arts s'inscrit d'abord, et

surtout, dans les missions attribuées au ministère. Le décret du 24 juillet 1959 stipule en effet que : « Le ministère chargé des affaires culturelles a pour mission de rendre accessibles les œuvres capitales de l'humanité, et d'abord de la France, au plus grand nombre possible de Français ; d'assurer la plus vaste audience à notre patrimoine culturel, et de favoriser la création des œuvres d'art et de l'esprit qui l'enrichissent ».

La revendication démocratique triomphe donc par les attendus de ce décret fondateur. En ce sens, la politique impulsée par Malraux s'inscrit incontestablement dans la postérité du Front populaire. Le souci égalitaire et la volonté de démocratisation culturelle sont essentiels. Complétés par la protection du patrimoine et l'aide à la création, ils justifient l'existence d'une politique culturelle et d'une structure ministérielle. En 1967 encore, André Malraux évoque à l'Assemblée nationale la rupture voulue avec les Beaux-Arts et engage un parallèle fort significatif avec la politique scolaire de la IIIe République : « Tout se passe comme si le ministère des Affaires culturelles était la suite de l'ancien service des Beaux-Arts, qui relevait autrefois de l'Education nationale, avec une orientation, disons, un peu plus moderne, qui serait donnée par mon département. C'est absolument erroné. Les Beaux-Arts étaient au service du décor de la vie ; d'un point de vue marxiste, on dirait qu'ils étaient au service de la bourgeoisie. Ce qui est certain c'est que, jusqu'au retour du général de Gaulle, l'Etat a assumé des fonctions tout à fait déterminées et qu'aujourd'hui ces fonctions sont complétement différentes. [...] il faut bien admettre qu'un jour on aura fait pour la culture ce que Jules Ferry a fait pour l'instruction : la culture sera gratuite ».

Au-delà de ce texte qui établit les missions du ministère des Affaires culturelles, il convient de prendre la mesure des modalités mises en œuvre pour concrétiser cette démocratisation culturelle. Deux points doivent être distingués : la philosophie, élaborée principalement par Malraux, et la doctrine, construite progressivement par l'administration pour répondre à cette philosophie.

Les modalités de la démocratisation culturelle

Pour Malraux, seul l'art a la vertu de rassembler dans le cadre d'une société dominée par le rationalisme. Dès le mois de décembre 1959, à la tribune du Sénat, il souligne la rupture idéologique qu'il souhaite incarner : « où est la frontière ? L'Education nationale enseigne : ce que nous avons à faire, c'est de rendre présent. Pour simplifier, [...] il appartient à l'Université de faire connaître Racine, mais il appartient seulement à ceux qui jouent ses pièces de les faire aimer. Notre travail, c'est de faire aimer les génies de l'humanité et notamment ceux de la France, ce n'est pas de les faire connaître. La connaissance est à l'Université ; l'amour, peut-être, est à nous ».

Un double refus marque ainsi la rupture avec l'Education nationale : le refus d'une démocratisation qui passe par la connaissance artistique et le refus, concomitant, de tout pédagogisme. L'accès à la culture passe par la présence directe, véritable révélation et communion, de l'œuvre d'art et du public. Philippe Urfalino [27] a proposé la notion d'« Etat esthétique » pour caractériser cette philosophie de l'action culturelle qui repose sur cette rencontre directe du public et de l'œuvre d'art.

Aussi peut-on le suivre lorsqu'il signale que la culture circonscrit moins un domaine, qui reste celui des Beaux-Arts, qu'elle ne nomme une mission politique et sociale. Dès lors, il faut éviter deux anachronismes : la conception anthropologique de la culture n'est pas à l'ordre du jour et l'opposition à l'éducation ne relève pas encore de l'idéologie de la créativité et de l'expression.

Cela étant, la formalisation de la doctrine d'action de l'administration se met en place progressivement, notamment lors de l'élaboration du projet des maisons de la culture. De 1959 à mai 1960, une politique s'appuyant sur le réseau des associations d'éducation populaire est encore envisagée. De mai 1960 à l'été 1961, l'équipe réunie par Pierre Moinot élabore le projet des maisons de la culture : pour dépasser la médiocrité dénoncée des associations amateurs, on pose le primat de l'excellence artistique. Enfin, à partir de septembre 1961, l'arrivée d'Emile Biasini à la tête de la Direction du Théâtre, de la Musique et de l'Action culturelle conduit à la mise en œuvre de la politique des maisons de la culture. La ligne précédente en sort infléchie dans le sens d'une plus grande différenciation par rapport à la politique du Haut-Commissariat à la Jeunesse et aux Sports. Daté d'octobre 1962, le texte *Action culturelle An I*, rédigé par Biasini, matérialise la vulgate de l'administration. Marquée par une nécessaire polyvalence, la maison de la culture sera le lieu de l'excellence culturelle : « elle trouvera donc sa caractéristique fondamentale dans la notion du niveau culturel le plus élevé, et de la qualité la meilleure, en proscrivant la condescendance tout autant que le paternalisme ». Le ministère sera dès lors le lieu de la rencontre entre l'Etat et les artistes : la formation d'un secteur artistique professionnel subventionné est pour une large part issue de ces choix fondateurs.

Dès lors, et ce point est essentiel pour l'évolution de la vie culturelle à la base, l'impératif de la création culturelle d'excellence écarte le didactisme et l'amateurisme que pratiquent les associations d'éducation populaire. Le divorce est vite consommé entre le jeune ministère et les grandes fédérations d'éducation populaire. L'échec du rattachement de l'éducation populaire au ministère des Affaires culturelles en est le meilleur témoignage.

La rupture avec les Beaux-Arts s'incarne aussi dans une remise en cause de l'académisme et par un soutien volontariste aux courants d'avant-garde. La mission de démocratisation s'appuie sur les représentants de la modernité esthétique. Pour la première manifestation de la Vᵉ République, que préside le général de Gaulle, en 1959, André Malraux choisit le spectacle de Jean-Louis Barrault à l'Odéon, *Tête d'or* de Claudel, musique de Pierre Boulez et décors d'André Masson. De même, la première Biennale de Paris accueille dès 1959 Rauschenberg, Johns, Tinguely, Agam, Klein ou encore Cueco. Dans les Manufactures nationales sont exécutées des œuvres commandées à des artistes contemporains : Chagall, Miro et Masson pour les tapisseries ; Mathieu, Hadju et Arp pour les pièces de Sèvres. De même, c'est à Marc Chagall, et non sans polémiques, que Malraux commande le plafond de l'Opéra de Paris. Cette relation privilégiée entre l'Etat et les courants d'avant-garde va durablement marquer l'action du ministère des Affaires culturelles.

Les résistances de l'Institut sont certaines. Abordée dès 1959, la réforme du Prix de Rome a bien du mal à se matérialiser. De fait, il faut attendre 1970 pour que celui-ci soit supprimé. Dans le domaine de la musique, Marcel Landowski est préféré à Pierre Boulez lors de la création du service de la musique. En 1968, Gaëtan Picon, directeur général des Arts et des Lettres démissionné deux ans auparavant à la suite de cette vive polémique entre Marcel Landowski et Pierre Boulez, écrit : « Si l'art académique a perdu son autorité internationale et "morale", il s'en faut de beaucoup qu'il ait perdu en France son autorité institutionnelle. J'en sais personnellement quelque chose ».

La culture et la planification

Enfin, et ce point est essentiel, la culture intègre pour la première fois les plans quinquennaux de modernisation économique et sociale. Dès 1959, André Malraux insiste fermement sur cette rupture : « C'est dans le plan de modernisation nationale et dans ce plan seulement que l'on peut concevoir un développement véritable et durable des affaires culturelles. Il n'y avait pas jusqu'à maintenant de politique culturelle, parce qu'il avait toujours été impossible, sous la IVe République, de poursuivre une action culturelle d'une année sur l'autre ; désormais l'autonomie du budget des affaires culturelles et son inscription dans un plan de cinq ans permettent de prévoir une continuité ». Dans le cadre de la préparation du IVe Plan (1962-1965), une commission des équipements culturels et du patrimoine artistique est instituée. L'enjeu budgétaire est d'importance pour le jeune ministère des Affaires culturelles. Pierre Massé, Commissaire général du Plan, confie cette nouvelle commission à de fortes personnalités : Henri Hoppenot, Eugène Claudius-Petit ou encore François Bloch-Lainé. Avec le recul, Augustin Girard — il est rapporteur de la sous-commission de l'action culturelle en 1961 — souligne combien cette inscription au sein de la planification a été un facteur de modernisation de l'administration des affaires culturelles [81].

Les commissions du Plan sont aussi le lieu d'échanges fructueux entre les élites modernisatrices issues de la haute fonction publique et des membres de la société civile : militants des mouvements d'éducation populaire et chercheurs en sciences sociales. Joffre Dumazedier, président de *Peuple et Culture* et sociologue au Groupe d'étude du loisir et de la culture populaire du CNRS, incarne parfaitement cette posture. En 1964, le colloque de Bourges sur le thème « recherche scientifique et développement culturel » marque l'apogée de cette rencontre entre l'Etat, les militants et les chercheurs. Au-delà des différences d'appréciation — notamment la plus ou moins grande autonomie laissée aux élus locaux et aux militants de l'éducation populaire —, les administrateurs du jeune ministère des Affaires culturelles adhérent à la philosophic dc la planification démocratique à la française. Le Plan incarne une modernisation sociale caractérisée par une anticipation de l'Etat sur la société. Par-delà les seules fractures partisanes, cet Etat anticipateur obtient aux débuts des années soixante le soutien des élites modernisatrices dans leur diversité — réseaux de la « gauche moderne », syndicalistes, sociologues-militants — et porte un projet de rupture avec les Beaux-Arts.

La logique du Plan demeure sectorielle, mais tient désormais compte du social, de la jeunesse et de la culture. Les politiques d'équipement en sont directement issues : en 1961 est votée la loi-programme d'équipement sportif et éducatif permettant notamment la construction d'équipements socio-éducatifs (MJC) sous la tutelle du Haut-Commissariat à la Jeunesse et aux Sports ; parallèlement est lancé le programme des maisons de la culture sous l'égide du ministère des Affaires culturelles. L'équipement collectif est alors conçu comme une réponse possible à l'urbanisation.

Cette insertion au sein du Plan conduit également à une nouvelle organisation territoriale du ministère. Les travaux de Jean-Luc Bodiguel [73] montrent que l'aménagement du territoire — la DATAR est créée en 1963 —, la planification et la réforme administrative centrée sur l'émergence d'institutions administratives régionales sont étroitement liées. En février 1963, la création de Comités régionaux des affaires culturelles

(CRAC) et de correspondants permanents (CP) amorcent la déconcentration du ministère. Si le ministère des Affaires culturelles est soucieux d'être présent au sein des nouvelles procédures de planification, les résistances demeurent fortes.

A l'extérieur, les Préfets, départementalistes par définition, et à l'intérieur même du ministère, les administrations centrales sectorielles ralentissent une orientation qui ne survit que grâce aux convictions de quelques fonctionnaires — en premier lieu, les directeurs de cabinet de Malraux, André Holleaux puis Antoine Bernard.

Le Service des études et recherches

La création d'un Service des études et recherches (SER) est une conséquence directe de l'intégration de la culture au sein du Plan. En 1963, Jacques Delors, conseiller pour les affaires sociales au Plan, charge Augustin Girard de mettre en place un service des études et recherches du ministère des Affaires culturelles, à la suite des recommandations de la commission des équipements culturels et du patrimoine artistique du IVe Plan. Animé par un esprit militant, le service a alors pour mission de préparer le Ve Plan en forgeant des outils d'analyse. Pendant une décennie, le SER demeure une émanation du Plan à la lisière de l'administration de la rue de Valois. Pour les études préparatoires au Ve Plan, le SER fait notamment appel à Pierre Bourdieu (*L'Amour de l'art* sera publié en 1966), Pierre-Aimé Touchard, Pierre Guetta, Pierre Schaeffer, Michel Crozier et Paul-Henri Chombart de Lauwe. Des contrats sont également passés entre le SER et le Groupe d'études du loisir de Joffre Dumazedier.

Au début des années soixante-dix, Augustin Girard introduit la quantification culturelle. Les grandes enquêtes sur les pratiques culturelles des Français en sont directement issues. Dans le même esprit, de précieuses enquêtes triennales sur les dépenses culturelles des collectivités locales auront lieu à partir de 1978. Le recours à de jeunes chercheurs sera une constante et irriguera plusieurs domaines : la morphologie des populations de créateurs, les marchés du travail artistique et des œuvres, les professions et les formations artistiques. Publiés à la Documentation française et, depuis 1969 dans les livraisons de *Développement culturel*, les résultats du SER ont sensibilisé les administrateurs du ministère et constituent une base scientifique aux débats sur les politiques culturelles.

Porté pendant trente ans par Augustin Girard et Geneviève Gentil, reconnu à l'étranger pour la qualité de son expertise, le SER (devenu Département des Etudes et de la Prospective depuis 1986) a joué un rôle essentiel dans la formalisation et la pérennité de recherches sur la culture en France.

CHAPITRE II

LE « ROYAUME FARFELU »

La rupture avec les Beaux-Arts nécessite de construire une véritable administration. Cette organisation progressive du ministère des Affaires culturelles, moins visible que les actions du ministre, va fortement contribuer à pérenniser la structure ministérielle.

Cette montée en puissance ne ressemble pas à une marche victorieuse. La séparation avec l'Education nationale se fait dans la douleur et marque, pour longtemps, les relations entre le nouveau ministère et sa maison mère. La méfiance de l'autodidacte André Malraux vis-à-vis de l'Education nationale est redoublée par de multiples difficultés administratives issues des transferts des services et des personnels de la rue de Grenelle à la rue de Valois. La normalisation administrative, amorcée à la fin des années 60, ne sera vraiment réalisée que sous le ministère Duhamel.

Au cours de ces dix premières années, l'organisation du « Royaume farfelu » (André Malraux) se concrétise progressivement sous le double signe du bricolage administratif et du militantisme quotidien.

La construction d'une administration

Les attributions de Malraux sont liées à un transfert arrêté par le décret du 3 février 1959. De l'Education nationale sont issues la Direction Générale des Arts et

Lettres, la Direction de l'Architecture et la Direction des Archives de France. L'hostilité de Julien Cain explique que le ministère laisse de côté le vaste domaine des bibliothèques et de la lecture publique. Malraux se voit également attribuer pour un temps les services chargés des activités culturelles du Haut-Commissariat à la Jeunesse et aux Sports. Enfin, le ministère de l'Industrie et du Commerce transfère le Centre national de la Cinématographie (CNC).

L'autre étape majeure est la création d'un service puis en 1961 d'une direction de l'administration générale qui doit gérer les agents de l'administration centrale ainsi que les 3500 agents des services extérieurs. Cette direction de l'administration générale (DAG) garantit de fait l'autonomie du ministère et sa pérennité.

Peu à peu l'organigramme s'étoffe, réponse administrative à la volonté politique. Les nouvelles structures se développent surtout à partir de l'ancienne Direction Générale des Arts et Lettres. En décembre 1961 par exemple, la sous-direction du Spectacle et de la Musique devient la direction du Théâtre, de la musique et des spectacles. En 1969, six directions et une inspection générale, plus les Fouilles et l'Inventaire rattachés au cabinet, matérialisent cette progressive croissance administrative.

L'organisation de l'administration centrale est complétée par la mise en place de comités régionaux des Affaires culturelles (1963), de conseillers régionaux à la création artistique (1965), et des premiers directeurs des Affaires culturelles (1968). Ces mesures amorcent le lent processus de déconcentration du ministère.

« Une petite cabane en planches »

Pourtant la montée en puissance administrative se heurte à de nombreuses inerties et résistances. Dans *Tous Comptes faits* (1997), Pierre Moinot souligne la précarité des débuts du ministère des Affaires culturelles : « Le ministère, c'était comme une petite cabane en planches dans un terrain vague, abritant les ouvriers chargés de faire sortir une maison ». L'art rhétorique du témoin souligne la modestie du départ pour mieux montrer le terrain parcouru.

La fragilité du jeune ministère qui doit se battre à armes inégales face à l'Education nationale et aux Finances pour obtenir son autonomie est néanmoins incontestable. L'environnement administratif et politique demeure en effet plutôt hostile à une entreprise que beaucoup estiment provisoire et liée à la seule présence d'André Malraux au sein du gouvernement. Dans ce contexte difficile, le poids des hommes est d'importance.

André Malraux constitue un premier cabinet assez peu administratif avec des hommes de confiance, compagnons de route de longue date du ministre, comme Gaëtan Picon et Bernard Anthonioz. Georges Loubet, premier directeur du cabinet, est un ancien du RPF. A la Direction Générale des Arts et des Lettres Gaëtan Picon est « comme un autre inspirateur, certes très proche du ministre, un peu saturnien dans son comportement administratif, d'une haute intelligence, mais manifestement plus informé de la réalité de la création que lui et garant subtil d'une relation étroite, amicale et confraternelle, avec le monde de la culture, artistes, écrivains, musiciens, dans sa diversité esthétique et idéologique » (Germain Viatte [118]).

En 1962, l'arrivée d'André Holleaux permet de conforter la dimension administrative du cabinet. Au fil du temps, le cabinet joue un rôle de plus en plus central dans le fonctionnement quotidien du ministère. André Holleaux puis à partir de 1965 son successeur Antoine Bernard, tous deux issus du Conseil d'Etat, permettent la mise en œuvre du discours « malruxien », complexe et le plus souvent formulé en termes bien peu administratifs. Les interventions régulières du ministre écrivain devant les parlementaires et ses nombreux discours publics témoignent à la fois de la fulgurance de sa pensée et de la difficulté à intégrer cette ambition dans le cadre des normes qui structurent habi tuellement les politiques publiques.

L'évolution de l'état de santé du ministre, fortement ébranlé par des drames personnels, pèse également sur le fonctionnement de l'administration centrale. Dès lors le cabinet conforte son rôle d'interface entre un ministre de moins en moins présent et les directions du ministère. Le fonctionnement vertical du ministère, élément stucturel promis à un bel avenir, se trouve renforcé par cette normalisation administrative qui par ailleurs marginalise les pratiques quelque peu militantes des premières années.

« La proie pour l'ombre »

Au départ, les fonctionnaires transférés de l'Education nationale ne sont guère enthousiastes. Les possibilités de carrières paraissent bien minces. Le manque de postes d'encadrement au sein du jeune ministère est vécu comme une contrainte forte. De plus, l'Education nationale opère un tri et conserve les individualités les plus affirmées. Le témoignage de Monique Hilger permet de comprendre l'état d'esprit des fonctionnaires de l'Education nationale : « Certains ont mis beaucoup de temps à choisir parce qu'ils se disaient qu'ils lâchaient peut-être la proie pour l'ombre [...] Vous pouvez constater sur l'arrêté du premier janvier 1960 qu'il n'y a pas beaucoup de monde de l'Education nationale. Il y a seulement quatre administrateurs civils qui optent pour les affaires culturelles ». Il faut attendre la décennie suivante pour que de jeunes énarques choisissent de faire carrière au sein des Affaires culturelles.

Quelques hommes issus de la mouvance de l'éducation populaire comme Pierre-Aimé Touchard, Jean Rouvet et Michel Saint-Denis, mettent cependant leur militantisme au service des Affaires culturelles. Un rapport de la Cour des comptes pointe également quelques « clandestins » prêtés par d'autres structures publiques grâce, entre autres, à la mansuétude de François Bloch-Lainé et de Paul Delouvrier.

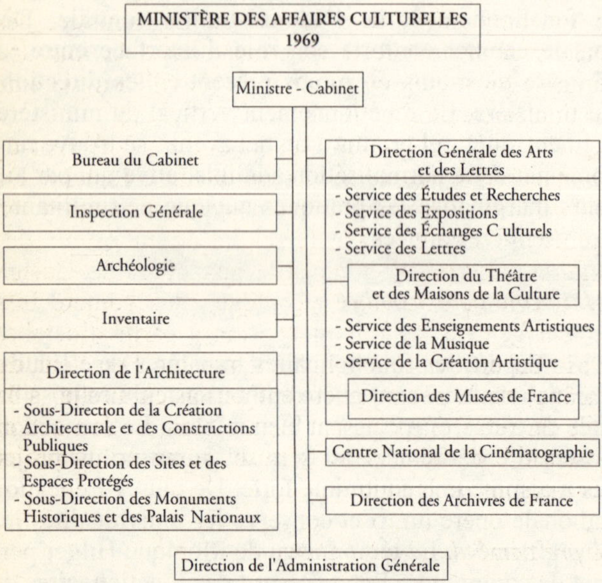

Tiré de G. Poujol, *La création du ministère des Affaires culturelles. 1959-1969*, Paris, ministère de la Culture, 1993, p. 92-93.

Un noyau administratif entreprenant

Aussi la nouvelle structure ministérielle utilise une manne providentielle : les fonctionnaires d'outre-mer rendus libres par le processus de décolonisation engagé par le général de Gaulle. Habitués à l'improvisation et aux difficultés financières, ces cadres, venus d'Afrique pour la plupart, vont contribuer à sauver une situation bien compromise. Leur indépendance par rapport au champ politique national et aux institutions académiques conforte cette volonté d'entreprendre qui caractérise ce noyau administratif qui compte une cinquantaine d'anciens administrateurs coloniaux. Lors de la première décennie d'existence du ministère, les anciens de la France d'outre-mer sont à la fois une véritable force de proposition et la cheville ouvrière de l'action culturelle.

L'itinéraire d'Emile Biasini traduit parfaitement ce « bonheur d'entreprendre » (Marie-Ange Rauch). De 1945 à 1959, il occupe divers postes au Dahomey, en Guinée puis au Tchad. Il rejoint le ministère des Affaires culturelles et travaille aux côtés de Gaëtan Picon comme conseiller technique, puis comme Inspecteur général de l'administration à partir d'octobre 1961. En décembre 1961, il est nommé Directeur du Théâtre, de la musique et de l'action culturelle, à la suite du refus du poste par Pierre Moinot. Son action est ensuite décisive dans la mise en œuvre du projet des maisons de la culture.

Le pré carré du Quai d'Orsay

En revanche, André Malraux n'obtient pas le rattachement au ministère des Affaires culturelles des services culturels abrités par le ministère des Affaires étrangères. Le refus de Michel Debré est sans appel. Ce dernier rappelle dans ses *Mémoires*, publiés en

1988, les motifs qui justifient cette décision lourde de conséquences : « je n'ai pas voulu céder à sa demande de lui confier la direction des Affaires culturelles qui demeure au Quai d'Orsay, car il me paraît indispensable de conserver l'unité de notre action à l'étranger. Son génie n'a pas besoin de ces services pour affirmer la présence culturelle de la France hors de nos frontières ! Cependant, à ses yeux, c'est une ombre au tableau et Malraux, sans m'en faire ouvertement le reproche, y sera sensible ».

Le monopole du Quai d'Orsay sur les relations culturelles internationales sera durable. Les réseaux se professionnalisent au cours des années 70. Si l'Association française d'action artistique (AFAA) mène un partenariat avec le ministère de la Culture, elle reste avant tout l'opérateur délégué de la Direction générale des Relations culturelles, scientifiques et techniques du Quai d'Orsay. Malgré plusieurs tentatives, Jack Lang ne parviendra pas non plus à infléchir la tendance. Certes, la création de l'Association pour le dialogue entre les cultures et de la Maison des cultures du monde lui permet de construire de fructueuses relations avec les artistes du monde entier. Jacques Toubon reçut la francophonie avec le portefeuille de la culture sans pouvoir vraiment mordre sur les compétences culturelles des Affaires étrangères. En 1993, l'action culturelle extérieure des services du Quai d'Orsay représente quelque 3 milliards de francs, soit près du tiers du budget de la rue de Valois.

La singularité française est ici frappante. Le réseau culturel français est le seul de cette ampleur à être directement géré par les Affaires étrangères. Les Etats-Unis, la Grande-Bretagne et l'Allemagne qui possèdent des réseaux de taille équivalente préfèrent utiliser la formule d'organismes non gouvernementaux à très forte autonomie : United States International Agency, British Council et Goethe Institut.

Un grand dessein ?

La configuration naissante du ministère des Affaires culturelles ne peut donc pas être comprise comme la matérialisation d'un grand dessein politique. Nous avons déjà souligné la part du hasard et de la contingence dans la nomination d'André Malraux au poste de ministre des Affaires culturelles. Les travaux de Geneviève Poujol [74] confirment de plus qu'il s'agit bel et bien d'un bricolage administratif soutenu par une bonne dose de militantisme.

Comme le souligne Jacques Rigaud, « dans cette période où tout était possible, y compris bousculer les bastilles administratives, un chef d'Etat tel que le général de Gaulle et un homme de l'envergure de Malraux auraient pu, s'ils avaient vraiment entendu faire de la culture une priorité nationale, ajouter à ce service des Arts et Lettres, la Radio-Télévision, la direction générale des Relations culturelles du Quai d'Orsay, le secteur socio-éducatif, la tutelle de l'Institut de France et des grands musées scientifiques et lui donner, d'une manière ou d'une autre, autorité ou influence sur l'aspect culturel de l'Education. Rien de cela ne fut fait et les quelques extensions de compétences dont bénéficia, par la suite, le ministère des Affaires culturelles furent obtenues de haute lutte par les successeurs d'André Malraux » [17].

La construction administrative du ministère des Affaires culturelles est l'un des acquis de la décennie Malraux. Le ministre, assez peu tourné vers les questions administratives, a cependant du mal à résister aux exigences redoublées de Matignon et des Finances. Le soutien personnel du général de Gaulle à André Malraux ne va pas jusqu'à un arbitrage systématique en faveur des besoins des Affaires culturelles.

Ceci étant, la seule présence de Malraux a assuré

dans une large mesure l'existence même d'une structure ministérielle à laquelle peu d'observateurs croyaient au départ. Désormais la culture sera prise en considération au plus haut niveau politique.

CHAPITRE III

UNE DÉCENNIE CONTRASTÉE

La présence de Malraux a souvent occulté le bilan du ministère des Affaires culturelles. De journées d'étude en colloques, les acteurs et les témoins ont contribué à construire une vision quelque peu hagiographique d'une action sans doute moins lyrique que le verbe du ministre.

A l'aube de la décennie suivante, en mars 1971, le Rapport général pour le VIe Plan aura beau jeu de pointer les nombreuses faiblesses du bilan laissé par André Malraux. Les contemporains sont dans l'ensemble moins enthousiastes que les reconstructions des témoins de cette décennie certes fondatrice. L'ombre de mai assombrit encore la perspective.

« Passer du plomb à l'or » (Valéry Giscard d'Estaing)

Le budget du ministère des Affaires culturelles oscille pendant dix ans entre 0,38 % et 0,42 % du budget total de l'Etat, en suivant finalement l'évolution générale de ce dernier. En francs constants, la décennie Malraux enregistre un doublement du budget exécuté. Pourtant, l'écart entre l'ambition affichée et le budget, jugé somme toute modeste du ministère, est néanmoins régulièrement souligné par les contemporains.

Lors de la discussion parlementaire pour l'exercice 1968, Valéry Giscard d'Estaing, rapporteur de la

Commission des finances, évoque à la fois la modestie du budget du ministère des Affaires culturelles et sa propension à ne pas atteindre les objectifs déclarés du Ve Plan. La critique communiste, exprimée par Pierre Juquin, s'inscrit dans la même perspective mais en termes davantage politiques : « La rareté de vos actes est proportionnée à la faiblesse de vos moyens [...] Vous avez bien raison, monsieur le ministre, de chiffrer en sous votre portion congrue [...] Au vrai, la France n'a pas de ministre de la Culture, parce que le Gouvernement, au lieu de dégager les moyens d'une politique culturelle, s'est contenté de choisir l'homme le plus habile pour gérer l'absence de moyens ».

Par-delà la seule évaluation budgétaire, le bilan de la décennie Malraux associe de réelles réussites à des résultats plus modestes.

Une politique du patrimoine réactivée

Quelques actions spectaculaires comme le blanchiment des façades parisiennes frappent l'opinion publique. Surtout, la politique du patrimoine bénéficie de subsides plus importants. Les lois-programmes (1962-1966 et 1968-1970) permettent d'intervenir sur des monuments historiques de premier plan : Versailles, le Louvre, les Invalides, Vincennes, Fontainebleau, Chambord, les cathédrales de Reims, Strasbourg et Paris. A partir de 1968, une centaine d'édifices répartis sur tout le territoire sont concernés avec une aide complémentaire des départements et des municipalités. En 1967, la France compte 10 000 monuments classés auxquels s'ajoutent 15 000 monuments inscrits à l'inventaire supplémentaire des monuments historiques. Le service des monuments historiques continue à se consacrer principalement à la réparation des dommages de la Seconde Guerre mondiale. La volonté de mettre en avant une vision renouvelée du patrimoine se manifeste lors de la rénovation du palais d'Iéna d'Auguste Perret et lors du classement, en 1964, de la villa Savoye de Le Corbusier.

En 1962, la loi sur les secteurs sauvegardés (dite loi Malraux) étend le champ de la protection, au-delà des monuments et de leurs abords, aux ensembles bâtis. Elle offre ainsi une alternative à la politique radicale de rénovation. L'urbanisme rejoint la volonté de protection du patrimoine. La loi, comme le souligne Patrice Béghain [128], « vise à intégrer la dimension sociale et économique dans le processus de protection, à la fois parce qu'elle s'efforce de respecter l'articulation urbaine ancienne, voire de la restituer, puisqu'elle permet aussi bien de détruire que de restaurer, et parce qu'elle intègre le souci de développement ».

Deux ans plus tard, le chantier de l'Inventaire général des monuments et des richesses artistiques de la France est mis en œuvre sous l'égide de l'historien de l'art André Chastel. La création de deux équipes régionales, en Alsace et en Bretagne, inaugure la lente implantation régionale de cette entreprise de recherche fondamentale qui conjugue études et documentation. L'innovation méthodologique et la définition de la notion de patrimoine seront au centre des enjeux : « par la masse documentaire qu'il réunit, l'exploitation informatique qu'il élabore, les expositions régionales qu'il présente, ce service illustre la nouvelle stratégie qui convient à une société au patrimoine complexe et encore imparfaitement exploré » (Jean-Pierre Babelon et André Chastel). Bien plus, l'Inventaire général a incontestablement contribué au réveil du sentiment du patrimoine dans les régions. La même année, le Bureau des Fouilles et Antiquités et le Conseil supérieur de la recherche archéologique donnent un souffle nouveau à l'archéologie française. La mise en place progressive d'un réseau de conservation en province ne doit cependant pas occulter la modestie des mesures réalisées au cours des années soixante pour promouvoir l'archéologie métropolitaine.

Tous les domaines ne sont pas touchés par les innovations. La direction des Musées de France a bien du mal à accepter la politique de Malraux. Le « cavalier de Monna Lisa » (Herman Lebovics [65]) n'inspire pas que l'enthousiasme au sein du monde des professionnels. De fortes résistances émanent du corps des conservateurs lorsque André Malraux décide de faire voyager *la Joconde* aux Etats-Unis (1963) et *la Vénus de Milo* au Japon (1964). La décennie inaugure cependant l'ère des grandes expositions recherchées par un public de plus en plus nombreux. La loi sur les dations, votée en 1968, permettra d'enrichir le patrimoine national. Quant aux Archives, elles bénéficient d'une large autonomie sous la tutelle d'André Chamson, ancien compagnon d'armes du ministre. La réorganisation et la construction de dépôts dans les départements venaient d'être menées par Charles Braibant, directeur des Archives de 1948 à 1959.

Le soutien à la création contemporaine

La mise en place du service de la création architecturale à la Direction de l'Architecture (1966) et du Centre national d'art contemporain (1967) témoigne de la volonté de soutenir les artistes vivants. La rupture est double : en finir à la fois avec une politique de prébendes liée au clientélisme organisé du système académique et avec la confusion instaurée, depuis longtemps, entre constitution des collections nationales et philanthropie.

Ce pari de la création contemporaine, organisé dès 1962 par Bernard Anthonioz dans le cadre du service de la Création artistique, vise à combler le fossé qui a longtemps séparé l'Etat et l'art vivant. Des ateliers de recherche et de création sont installés au Mobilier national et aux Manufactures nationales. Le CNAC met en œuvre un ambitieux programme d'expositions ouvertes sur l'actualité internationale. Les rétrospectives Josef Sima (1968) et Maria Elena Vieira da Silva (1969) inaugurent une politique qui se perpétue à l'aube de la décennie suivante. En 1967, l'exposition Art contemporain au pavillon de la France à Montréal et, l'année suivante, l'exposition *Painting in France 1960-1967* présentée aux Etats-Unis manifestent la volonté de rompre l'isolement de la France sur la scène artistique internationale. La notoriété de Malraux et la présence de Gaëtan Picon permettent à l'équipe du service de la Création artistique de nouer de fructueuses relations avec les artistes. Cette action auprès de la jeune création — de Jean Tinguely à Christian Boltanski — permet de compléter les démarches du ministre davantage axées vers les artistes consacrés (Chagall, Braque, Balthus, Giacometti...).

La relance de la procédure du 1 %, initiée en 1951, offre également à de jeunes artistes, en grande majorité des sculpteurs, une première concrétisation économique de leur travail. L'important budget consacré à cette procédure — près de 100 millions par an — contraste avec la faiblesse du budget que l'Etat accorde à la commande publique. « Grâce au 1 %, tout un réseau d'œuvres d'art importantes se mit en place à travers le territoire et l'on peut aujourd'hui regretter, signale Germain Viatte [118], que l'incurie patrimoniale du ministère concerné ait trop souvent voué ces belles réalisations à la négligence ou au vandalisme. »

Un important volet social complète le soutien direct à la création. La sécurité des artistes est désormais confortée par l'Etat. La loi du 26 décembre 1964 accorde aux artistes peintres, sculpteurs et graveurs le bénéfice de l'assurance maladie, maternité et décès. Pourtant, la liste étroite des bénéficiaires témoigne du maintien des catégories traditionnelles des beaux-arts.

Il faut attendre 1975 pour que l'Etat prenne acte des nouvelles pratiques artistiques ainsi que de la remise en cause de la hiérarchie des arts.

Spectacles vivants : priorité à la création et à la diffusion

Le théâtre est l'un des domaines privilégiés de l'intervention de l'Etat. L'augmentation des crédits attribués à la décentralisation théâtrale et au TNP de Jean Vilar, la création du Théâtre de France confiée à Jean-Louis Barrault matérialisent dès les premiers mois la place de choix occupée par le théâtre dans la politique de Malraux. La décentralisation dramatique est confortée par la création de nouveaux centres (neuf fonctionnent en janvier 1968 : Reybaz, Planchon, Rétoré et Monnet ont rejoint les pionniers) et la reconnaissance de troupes permanentes (dix en 1968). Le fonctionnement financier du réseau demeure l'affaire de l'Etat : en 1965, le ministère assure 85 % des subventions des centres dramatiques et 52 % des subventions des troupes permanentes. Il faut attendre le début de la décennie suivante pour que les collectivités locales s'investissent davantage. Les théâtres nationaux enregistrent une croissance régulière de leur budget sans pour autant constituer une priorité. Le soutien financier aux jeunes compagnies demeure modeste et peu institutionnalisé. En 1964, le ministère encourage l'organisation d'un Fonds de soutien au théâtre privé. De surcroît, confronté à une majorité parlementaire conservatrice, André Malraux devra, à plusieurs reprises, défendre la liberté de création des artistes. En 1966 par exemple, le ministre refuse de censurer *Les Paravents* de Genet, mis en scène par Roger Blin au Théâtre de France.

Un plan pour la musique

Dans le domaine musical, l'intervention du ministère est tardive. Si dès 1962 André Malraux institue une commission pour étudier la situation de la musique, il faut attendre 1966 pour voir se structurer le service de la musique, confié au compositeur et inspecteur général de l'enseignement musical Marcel Landowski. L'année suivante, les principes fondamentaux de la réforme sont posés : priorité à l'enseignement, décentralisation de l'animation, aide à une diffusion de qualité et soutien à la création. En 1969, *le Plan de dix ans pour l'organisation des structures musicales françaises*, dit plan Landowski, est enfin défini et publié. Il vise à mettre en place une infrastructure régionale. Chaque région musicale, 22 au total, doit posséder son conservatoire, son orchestre, son théâtre lyrique et son animation. La « bataille pour la musique » (Marcel Landowski) est lancée : elle va profondément rénover le paysage musical français.

Le théâtre lyrique, à travers l'Opéra et l'Opéra-Comique, demeure accroché à une politique de prestige, fortement budgétivore. Malgré la création du service de la musique en 1966, l'art lyrique, tout comme la danse, reste sous la tutelle du Bureau des théâtres. Les théâtres lyriques français connaissent une crise profonde qui se traduit par un non-renouvellement du public et du répertoire, une inflation non maîtrisée des budgets et des équipements techniques souvent dépassés. Il faut attendre 1969 pour assister à une réorganisation de la Réunion des théâtres lyriques nationaux. Une crise aiguë s'ouvre alors entre l'administration et les personnels de la RTLN. En province aussi, l'art lyrique n'a plus la faveur d'antan malgré la réorganisation en 1964 de la Réunion des théâtres lyriques municipaux de France sous la forme d'une entente intercommunale et la progression régulière des subventions de l'Etat.

Le cinéma : de l'industrie à la culture

Le secteur du cinéma est confronté à un contexte de crise de plus en plus perceptible. La chute du nombre des entrées s'amplifie et interpelle les pouvoirs publics : 411 millions de spectateurs en 1957, 210 millions dix ans plus tard. Jusqu'à la fin des années 50, l'Etat avait privilégié la mise en œuvre d'une politique industrielle. C'est le soutien à la production qui constituait le fondement de l'intervention de l'Etat via le CNC. Les financements étaient essentiellement destinés à aider la réalisation de nouveaux films indépendamment de toute valeur artistique. Comme le souligne Joëlle Farchy cette politique industrielle « traduit la volonté des pouvoirs publics de favoriser la constitution de groupes susceptibles de faire face à la concurrence et à l'internationalisation. L'automaticité est son fondement et favorise les acteurs du secteur qui ont déjà rencontré un succès commercial » [141].

Le rattachement du CNC au ministère des Affaires culturelles conduit à privilégier une nouvelle logique d'intervention qui accorde une attention plus soutenue à la valeur esthétique des œuvres cinématographiques. La rentabilité économique n'est plus prioritaire. Il s'agit désormais de permettre le maintien d'une partie de l'offre que la seule demande du marché ne suffirait pas à faire vivre. La politique d'aide se fait plus sélective et contribue à imposer une logique culturelle aux dépens des seules considérations économiques. La finalité de l'aide publique n'est plus guère contestée sur le fond même si de nombreux débats alimentent la question des formes de l'aide publique et de la fiscalité qui affecte lourdement ce secteur. Jacques Dominati souligne en novembre 1967 à l'Assemblée nationale que « chacun reconnaît que le film porte témoignage de la culture d'un pays, qu'il est l'un des éléments de prestige à l'étranger. Il est donc nécessaire d'assurer sa survie ».

Dès juin 1959, la mise en place du nouveau système des avances sur recette — prêts sans intérêts remboursables en fonction des résultats d'exploitation du film — contribue à la survie d'un cinéma d'auteurs. Au plan de la diffusion, la création, en 1961, de la catégorie des salles d'art et d'essai permet, grâce à des mesures fiscales, de faciliter la diffusion de films de qualité.

Les maisons de la culture

Les maisons de la culture sont le lieu du contact entre le public et les chefs-d'œuvre. Le « supplément d'âme » est à l'ordre du jour et participe à une véritable sacralisation de l'art. La métaphore de la « cathédrale » utilisée par André Malraux en témoigne. Mais lorsque Malraux quitte la rue de Valois en 1969, seules huit maisons de la culture — Le Havre en 1961, Caen, Le Théâtre de l'Est Parisien et Bourges en 1963, Amiens en 1965, Thonon-les-Bains, Firminy en 1966 et Grenoble en 1968 — sont édifiées sur la vingtaine prévue initialement.

L'ambition première est bien vite rectifiée à la baisse. La stabilisation budgétaire de 1963 affecte lourdement un programme pourtant accepté par la Commission du IVe Plan. Le Plan avait retenu, à titre expérimental, vingt implantations sous des rubriques diverses : Métropoles régionales à rayonnement national et international (Lyon, Marseille, Strasbourg, Bordeaux) ; Métropoles régionales (Rennes, Caen) ; Cité industrielle (Saint-Etienne) ; Centres de régions industrielles, marchés ruraux traditionnels (Longwy, Valenciennes, Pau, Reims, Bourges, Nevers, Amiens,

Chalon-sur-Saône, Angers) ; Grands ensembles satellites (Firminy, Sarcelles, Créteil) ; Milieu rural (Mende) ; Centre de tourisme à vocation régionale (Thonon-les-Bains). Le Quatrième Plan (1961-1965) ne sera réalisé qu'à 45 % des prévisions financières (53,84 millions sur 128,6 millions). Exceptée l'expérience havraise construite autour d'un musée ouvert aux courants contemporains, c'est aussi pour des raisons essentiellement budgétaires que l'animation des maisons de la culture est confiée à des troupes de la décentralisation théâtrale.

Après 1966, Pierre Moinot et Francis Raison, qui ont respectivement succédé à Gaëtan Picon et Emile Biasini, choisissent de soutenir un type d'équipement moins onéreux pour l'Etat et plus ouvert aux réalités culturelles locales. En avril 1968, le premier Centre d'Animation Culturelle (CAC) ouvre ses portes au Creusot.

Les maisons de la culture constituent aussi un moment clef dans l'évolution de la collaboration entre l'Etat, les collectivités locales et les artistes. A la suite de la première vague des Centres dramatiques sous la IVe République, elles manifestent un souci de cogestion entre l'Etat et les villes. La parité des financements a donné assurément une certaine stabilité à cette configuration. Pour les villes, c'est bien souvent la perspective de la construction d'une salle de théâtre au sein de la maison de la culture qui a emporté l'accord des élus, plus que l'adhésion à la philosophie d'ensemble du projet. Les modalités de financement ont joué aussi un rôle incitatif. Pour une maison de la culture, l'Etat garantit en effet 50 % du coût de la construction et 50 % du coût de fonctionnement. Malgré le choix de la structure associative et un jeu de pouvoir théoriquement équilibré, l'Etat peut s'appuyer sur le directeur, responsable du projet culturel. Les difficultés proviennent de la formule de gestion qui doit permettre d'assurer la liberté de l'équipe artistique : « Pour garantir la qualité, l'universalité, la neutralité et l'objectivité, éliminer les risques d'accaparement, d'utilisation partisane, de dirigisme et de démagogie, l'action culturelle s'est placée sur le plan d'une transcendance absolue de tous les facteurs de division, de discrimination ou de particularisme. [...] L'immeuble est municipal, mais la gestion en est confiée à une association dans laquelle l'Etat et la collectivité ont un nombre égal de représentants, sans pour autant déterminer ensemble la majorité, qui est assurée à des personnalités indépendantes appelées par des tuteurs pour gérer l'entreprise. Ces personnalités sont soigneusement choisies pour refléter harmonieusement tant le visage de la collectivité dans toutes ses expressions et dans tous ses besoins, que l'exigence de qualité dans le niveau des manifestations. [...] Le petit parlement culturel local ainsi constitué s'est tout de suite établi sur le plan le plus général, comme symbole d'une vocation universelle à l'usufruit du patrimoine culturel et à son enrichissement. » Cet optimisme formulé en 1967 par Emile Biasini se heurte vite aux réalités locales.

La crise s'ouvre à Caen dès 1964, puis à Thonon-les-Bains. La maison de la culture de Saint-Etienne est municipalisée avant même son ouverture. La crise, ouverte en mai 1966, entre Jean Dasté et Michel Durafour, maire de la ville et président de la Fédération nationale des centres culturels communaux (FNCCC), témoigne des difficultés de ce partenariat vécu par certains élus comme une perte de contrôle et une atteinte à la démocratie municipale. Au total, sauf rupture du contrat, c'est bien l'Etat qui s'est réservé le rôle dominant. Les villes doivent l'accepter ou se priver de la manne nationale. D'éventuels désaccords entre la municipalité d'accueil et le ministère aboutissent ainsi à un retrait du financement gouvernemental. Les maisons de la culture de Caen et Thonon-les-Bains sont de la sorte municipalisées en 1968.

Au-delà des satisfecit ministériels et des évaluations quantitatives (100 000 adhérents et plus de 700 000 spectateurs en 1966-67), les premières recherches qualitatives, menées dès le milieu de la décennie, démontrent l'échec relatif de la démocratisation culturelle par ce biais : seul un public déjà cultivé, issu le plus souvent des classes moyennes, bénéficie de cette offre culturelle d'excellence.

Equipements permettant la mise en œuvre de la philosophie esthétique de Malraux, au service d'une conception jacobine du service public, les maisons de la culture laissent peu de place à la légitimité des maires en matière de politique culturelle. Mais par leur caractère d'exemplarité, et les débats qu'elles ont suscités, les maisons de la culture ont joué un rôle non négligeable dans la prise de conscience des questions culturelles par les villes.

CHAPITRE IV

UN MODÈLE CONTESTÉ

En créant un ministère des Affaires culturelles, la République gaullienne affirme la centralité de l'Etat culturel. L'Etat, faiblement déconcentré, ne voit dans les collectivités locales que de simples relais à contrôler. Les maisons de la culture laissent, on l'a vu, peu de place à la légitimité des maires en matière de politique culturelle et incarnent une conception jacobine du service public.

Pourtant quelques municipalités engagent au cours de cette décennie de véritables politiques culturelles. Par ailleurs, les militants des associations d'éducation populaire restent actifs et contribuent souvent au fonctionnement des maisons de la culture. Cette autre politique culturelle se met en place dans une confrontation, plus ou moins féconde selon les configurations locales, avec les conceptions et services de l'Etat.

Le modèle de l'action culturelle de l'Etat demeure l'objet de nombreuses contestations. L'imposition progressive d'un discours étatique sur la culture ne doit pas occulter la persistance d'autres manières d'envisager la politique culturelle.

Des Beaux-Arts aux politiques culturelles

Pour le ministère des Affaires culturelles, les municipalités restent considérées comme mineures. La représentation négative des élus locaux fustigés pour leur incompétence artistique et leur soumission présumée à un jeu électoral dominé par des notables conservateurs, l'idée dominante d'une nécessaire modernisation portée par l'Etat central et ses structures administratives et techniques conjuguent leurs effets pour entacher d'un signe négatif les interventions des élus dans les domaines artistiques et culturels. En 1968, Antoine Bernard, Directeur du cabinet de Malraux depuis 1965, exprime parfaitement la vision de la rue de Valois dans une note interne : « L'Etat est aussi le mieux placé pour assurer non seulement la liberté de création, mais la liberté de proposition et de choix dans la qualité, qui est la pierre angulaire de la nouvelle politique de la culture. [...] Celle-ci ne peut naître dans une masse encore aliénée sur le plan de l'esprit. D'où le contrôle décisif des relais et, notamment, des communes, tant que les responsables municipaux n'auront pas pris conscience de la vraie nature du problème culturel à notre époque ».

Pendant la décennie soixante, ce modèle d'action culturelle souhaité par le ministère n'est cependant pas encore dominant. Si la volonté étatique de prescription et de normalisation des équipements est bien présente dès ces années-là, les principales matérialisations seront effectives au cours de la décennie suivante. Dès lors, à l'horizon des municipalités, la diversité reste de mise malgré les injonctions de l'Etat. Les quelques exemples développés en portent témoignage.

Rennes : humanisme catholique et animation socio-culturelle

Dès 1959 la municipalité MRP d'Henri Fréville décide de formaliser une véritable politique culturelle dans un contexte marqué par l'opposition entre les réseaux associatifs chrétiens et laïcs. L'adjoint à la culture, Michel Le Roux, bénéficie pendant dix ans d'une très large autonomie. Militant chrétien (JEC), secrétaire du Comité de liaison des organisations de jeunesse et d'éducation populaire, Michel Le Roux construit une politique en s'appuyant sur l'Office social et culturel. Cette structure, lieu du dialogue entre les élus et les associations, permet à la fois à la ville de mieux maîtriser une politique d'animation des quartiers et surtout d'équipements cohérents, et aux associations de bénéficier d'une manne financière en constante augmentation. Après 1968 et les élections municipales de 1971, le consensus entre la municipalité et les associations se fissure, alors même que l'inauguration de la maison de la culture, en 1969, introduit un nouvel acteur de poids dans une logique jusque-là dominée par le socio-culturel.

Grenoble : une politique volontariste

La politique culturelle municipale s'inscrit ici dans un contexte favorable impulsé depuis la Libération par un réseau associatif dense issu des mouvements d'éducation populaire comme *Peuple et Culture*. L'élection en 1965 de la municipalité Dubedout (GAM, PSU et SFIO) marque un tournant majeur : la culture devient un objet de la politique municipale. Le volontarisme des élus donne la clef de la réussite. La démocratisation culturelle doit permettre une participation active des citoyens dans l'espace public local. La culture participe aussi d'une gestion sociale territorialisée qui s'appuie notamment sur les unions de quartier.

Au-delà des clivages politiques traditionnels, les services de l'Etat et les élites modernisatrices locales, souvent issues des nouvelles couches moyennes salariées, sauront s'allier pour contourner les notabilités grenobloises. Aidée par les opportunités financières ouvertes grâce aux Jeux Olympiques de 1968, Grenoble devient en quelques années une ville suréquipée : maison de la culture, Musée Dauphinois, maisons de l'enfance et nombreuses MJC. Bien vite, l'expérience grenobloise devient emblématique et fait figure de modèle à gauche, mais aussi au ministère des Affaires culturelles.

Bordeaux : libéralisme et fait du prince

La municipalité de Bordeaux présente une configuration différente. Capitale historique d'une vaste région, possédant de nombreux équipements culturels, la ville est dominée par la personnalité de Jacques Chaban-Delmas, maire depuis 1947. Celui-ci considère les affaires culturelles comme son domaine réservé. L'intervention culturelle de la municipalité est mise au service du prestige de la cité tout en déclinant la rhétorique d'une nécessaire démocratisation culturelle.

Si le poids de l'art lyrique reste fort, Chaban-Delmas encourage la nouveauté en soutenant des manifestations susceptibles de renforcer la notoriété de la ville : la tradition avec le Mai musical (1950) puis les avant-gardes avec le Festival Sigma (1965). La logique d'intervention repose sur la reconnaissance municipale d'initiatives privées. Aussi, la forte personnalisation du processus de décision n'exclut pas, dans la pratique, un certain libéralisme culturel. Dans cette configuration, l'absence d'un centre dramatique et d'une maison de la culture illustre la modestie de l'intervention de l'Etat, malgré la reconnaissance d'un secteur sauvegardé en 1964. La situation évolue à partir de 1975.

Aubervilliers : création et diffusion culturelle en banlieue

L'expérience d'Aubervilliers est née de la rencontre entre les élus communistes et un jeune metteur en scène de théâtre. En 1958, Gabriel Garran accepte de s'occuper d'un cours d'art dramatique au sein du conservatoire municipal.

Une troupe amateur — le Groupe Firmin Gémier — est issue de ce travail. A partir de 1961, un festival annuel permet de mieux intégrer le théâtre dans la vie de la cité. Le Théâtre de la Commune d'Aubervilliers ouvre ses portes en 1965 : pour la première fois, le théâtre s'implante en banlieue. Refusant l'équilibre entre classiques et contemporains, répertoire caractéristique des troupes de la décentralisation, Garran fait le pari de la création la plus contemporaine. Pour la municipalité communiste, cette intervention s'inscrit dans une vision construite de la politique culturelle : la volonté de répondre à un besoin contemporain, de pratiquer une démocratisation de la culture en liaison avec le monde du travail, la mise en avant de la liberté de la création. Le Théâtre de la Commune sera ensuite reconnu par l'Etat, mais les premières années la municipalité finance seule cette aventure théâtrale « hors les murs ». Cette expérience pionnière fera école, certes avec des configurations différentes : en 1964, Gerbal devient directeur du nouveau Théâtre municipal Romain-Rolland de Villejuif ; en 1966, Chéreau s'installe à Sartrouville et José Valverde reprend le théâtre de Saint-Denis. De surcroît, les élus communistes, et notamment Jack Ralite, jouent un rôle non négligeable au sein de la Fédération nationale des centres culturels communaux.

Lieux de débats et de sensibilisation

La Fédération nationale des centres culturels communaux, née en 1960 sous l'impulsion de Michel Durafour maire-adjoint de Saint-Etienne, fortement imprégnée de l'idéologie communale, joue incontestablement un rôle de sensibilisation auprès des élus. La fédération, étudiée par Vincent Dubois [87] et Philippe Urfalino [27], a de la sorte contribué à construire et légitimer l'existence de politiques culturelles municipales. En 1966, la FNCCC propose un programme en dix points : que chaque municipalité se dote d'un adjoint à la culture, forge un programme culturel et se dote d'une ligne budgétaire spécifique, crée un service technique, des services culturels municipaux, un centre culturel communal, une commission municipale, tienne compte des spécificités locales, forme des cadres culturels, travaille en relation avec les industries culturelles présentes sur le territoire communal et soit revendicatrice à l'égard de l'Etat. Cet ambitieux programme, qui repose essentiellement sur des considérations techniques et sur la volonté de professionnaliser ce secteur d'intervention municipale, permet de rallier à la fois la majorité centriste et la forte minorité communiste de la FNCCC. La fédération lance les premières enquêtes consacrées aux dépenses culturelles des communes. La croissance du nombre des municipalités et des Centres culturels communaux adhérents (50 en 1960, 104 en 1964, 233 en 1968) lui confère une représentativité incontestable.

A l'aube des années soixante, la FNCCC propose ainsi un modèle alternatif à celui du ministère des Affaires culturelles. La vive opposition entre le ministère des Affaires culturelles et la FNCCC recouvre en partie la tension entre une acception élitiste de la culture et une acception populaire ouverte aux courants issus de l'éducation populaire, entre la prédominance de la volonté centrale et l'expression des pratiques à la base. Face à la construction de la politique du ministère des Affaires culturelles, la FNCCC ne parvient d'ailleurs pas à se faire reconnaître comme partenaire obligé par la rue de Valois.

L'action de la FNCCC témoigne cependant du rôle de quelques élus, le plus souvent en phase avec les associations d'éducation populaire, afin de construire une véritable politique culturelle municipale. Elle rappelle opportunément que l'Etat doit compter sur un modèle de développement qui repose sur une autre conception de l'action culturelle. La FNCCC traduit aussi la volonté de proposer une autre politique culturelle construite sur une approche de la représentativité politique à laquelle ne peuvent adhérer les hommes de la Ve République.

Les Rencontres d'Avignon

En revanche, les Rencontres d'Avignon, inaugurées par Jean Vilar et Michel Debeauvais en 1964, procèdent plutôt de l'idée de développer un forum de discussions. Chaque année, élus, universitaires, administrateurs et artistes peuvent ainsi confronter leurs opinions respectives. Dans un milieu encore circonscrit, où l'esprit militant imprègne l'ensemble des acteurs, Avignon joue le rôle de lieu de confrontation. La prospective est à l'ordre du jour. La notion de « développement culturel » est perçue comme le moyen de dépasser l'action culturelle chère à Malraux. La structuration des politiques culturelles locales s'appuie sur les études des dépenses menées par le Service des études et de la recherche du ministère.

Ces Rencontres sont aussi une caisse de résonance des débats en cours. En 1967, les rencontres, organisées conjointement par Jean Vilar, la municipalité d'Avignon et la FNCCC, sont consacrées aux politiques culturelles des villes : l'heure n'est déjà plus à un Etat tutélaire, capable de contrôler les collectivités locales. C'est cette année-là que Planchon proclame, au nom des créateurs : « nous voulons le pouvoir ». Ces débats en Avignon montrent également que les militants de l'éducation populaire n'ont pas abandonné le terrain de la politique culturelle.

L'éducation populaire : un modèle en sursis ?

Si le jeune ministère des Affaires culturelles a progressivement construit sa ligne d'action en se différenciant des mouvements d'éducation populaire, ceux-ci restent pourtant bien présents et développent toujours, dans bien des lieux, une action culturelle multiforme. La création du ministère des Affaires culturelles est d'abord bien perçue avant d'apparaître comme une réduction élitiste qui s'inscrit dans la continuité des Beaux-Arts. En 1967, Jacques Charpentreau, responsable de la revue *Affrontement*, dénonce dans *Pour une politique culturelle* les limites de la politique gouvernementale.

Depuis la Libération, *Peuple et Culture* incarne, d'Annecy à Grenoble autour de Joffre Dumazedier, la volonté de « rendre la culture au peuple et le peuple à la culture ». Au cours des années soixante, la génération des fondateurs reste aux commandes de l'association. Les commissions nationales — éducation populaire et habitat, esthétique de la vie quotidienne, sciences sociales — alimentent les débats sur les transformations de la société française. L'association joue un grand rôle dans la diffusion de la notion de « développement culturel ». Les dirigeants sont présents dans l'élaboration des lois-programmes, lors de la création du Fonds de coopération de la Jeunesse et de l'éducation populaire (FONJEP), de l'Office franco-allemand pour la jeunesse (OFAJ) et de la loi d'orientation agricole Debré-Pisani qui place sous la tutelle du ministère de l'Agriculture les associations à vocation socioculturelle du monde rural.

Peuple et Culture contribue notamment à la formalisation de la politique culturelle grenobloise. Bernard Gilman, premier permanent de PEC en Isère, devient adjoint chargé de la culture dans la municipalité Dubedout en 1965. Dans plusieurs régions, les délégations, fidèles aux idéaux de l'après-45, privilégient l'alliance avec les syndicats et les partis de gauche pour s'imposer face aux conservatismes locaux. De fait, l'ensemble des délégations régionales n'adhère pas toujours à la volonté des dirigeants nationaux de s'inscrire dans une planification concertée avec les services de l'Etat. L'assemblée générale de 1967 voit éclater publiquement le différend.

Les expériences municipales évoquées ci-dessus, par-delà leur diversité, restent cependant en situation de pionnières pendant les années soixante. Dans bien des villes, une simple gestion des Beaux-Arts demeure la règle commune. A Dijon par exemple, la municipalité conservatrice du chanoine Kir, maire de 1945 à 1968, n'a pas de politique globale. Le secteur artistique et culturel reste fragmenté, géré équipement par équipement. Certes, la volonté de démocratisation est déclamée sans pour autant donner lieu à une formalisation politique et administrative. Dans ce contexte, la ville se contente d'aider modestement une association issue de l'éducation populaire : l'Association Bourguignonne Culturelle.

Née en 1945, l'ABC connaît une forte croissance tout au long des années soixante. En 1965, 15 000 adhérents, près de 2 000 manifestations organisées réunissant plus 200 000 spectateurs traduisent cette présence militante. L'ABC diffuse des spectacles variés — elle fait notamment appel aux troupes de la décentralisation théâtrale — et encadre de nombreuses activités, du ciné-club au club littéraire, dans un esprit bien différent de la pratique ministérielle : « Le but de la culture populaire, telle que nous la concevons, n'est pas d'ouvrir aux travailleurs certains compartiments dits privilégiés : théâtre, la lecture ou la musique, mais de leur donner, à chaque instant de leur travail ou de leurs loisirs, ce ferment de curiosité constitué de réactions personnelles qui fait de chacun de nous un être intelligent, sensible et indépendant. [...] La culture n'a pour but que de nous permettre chaque jour davantage et dans tous les domaines, d'affirmer notre goût personnel et notre jugement sur les hommes et les choses. Il faut affranchir l'homme de la tyrannie du bureau, de l'usine ou de la terre. Il faut affranchir l'homme de la tyrannie des préjugés, car la pensée a ses chemins battus comme la nature a ses itinéraires traditionnels. » Cette polyvalence assumée place l'association en situation de non-reconnaissance par le ministère des Affaires culturelles. A l'heure de l'épuisement relatif des fondements historiques de l'éducation populaire, alors même que les problématiques de l'animation culturelle s'imposent progressivement, l'Association Bourguignonne Culturelle conserve un monopole sur la vie culturelle dijonnaise jusqu'au milieu des années soixante-dix. Bien plus, en multipliant ces délégations dans toute la Bourgogne, elle est à l'origine de l'émergence de politiques culturelles dans de nombreuses villes moyennes, à l'image de Beaune, Mâcon et Auxerre. De fait, le déclin de l'association sera lié à la municipalisation des politiques culturelles.

Ce processus est assez général et constitue l'un des tournants majeurs de ces années-là. Pour Raymond Labourie, alors que « l'Education populaire du XIXe siècle était satellisée autour de l'Etat républicain pour les laïques, de l'Eglise pour les catholiques », au cours des années soixante et soixante-dix par « l'importance des équipements et des interventions locales, l'animation socio-culturelle se trouve satellisée autour de la municipalité ». Si l'humanisme, l'éthique de l'engagement et de la responsabilité, la volonté de démocratisation perdurent plus ou moins, l'heure est à la restauration de la communication sociale au sein de la société urbaine plutôt qu'à la popularisation de la raison. L'animation, bientôt qualifiée de socio-culturelle, est à la fois une version aseptisée de l'éducation populaire, qui efface les références politiques et religieuses, et une professionnalisation de celle-ci. En charge des équipements contrôlés par les municipalités, l'animation ouvre sur la territorialisation et le pluralisme culturel.

Une décennie à l'épreuve de Mai

Quelques semaines avant l'embrasement de Mai 1968, l'Affaire Langlois discrédite quelque peu André Malraux. La tentative de renvoi d'Henri Langlois de la Cinémathèque française suscite l'indignation des milieux culturels qui savent se mobiliser et faire reculer le ministère des Affaires culturelles.

Les événements de mai 1968 ont des répercussions directes sur le monde de la culture alors même que Malraux brille par son absence. L'Ecole des Beaux-Arts est occupée et ses méthodes pédagogiques fortement remises en cause. Par ailleurs, les artistes de « l'Atelier populaire » de l'Ecole des Beaux-Arts mettent leur talent au service des groupes contestataires. De nombreux artistes et critiques interviennent aussi à la Sorbonne. Le Festival de Cannes est arrêté, non sans turbulences, alors que des Etats généraux du cinéma français envisagent, à Suresnes, de transformer les structures du cinéma.

Dans le domaine du théâtre, Jean Vilar est contesté verbalement en Avignon et en est profondément affecté. L'Odéon occupé devient « un lieu de meeting ininterrompu ». Roger Planchon réunit à Villeurbanne les directeurs des maisons de la culture et des Centres dramatiques. De fait, avant même les événements de mai 1968, les maisons de la culture traversent une crise profonde qui traduit bien l'écart entre les demandes de la société et l'offre d'avant-garde des créateurs. Le texte du 25 mai 1968 issu de la rencontre de Villeurbanne traduit la remise en cause du paradigme de la démocratisation culturelle : « C'est — au plan qui nous concerne — notre attitude même à l'égard de la culture qui se trouve mise en question de la façon la plus radicale. Quelle que soit la pureté de nos intentions, cette attitude apparaît en effet à une quantité considérable de nos concitoyens comme une option faite par les privilégiés en faveur d'une culture héréditaire, particulariste, c'est-à-dire tout simplement bourgeoise ». Et Francis Jeanson, philosophe et responsable du secteur action culturelle de la maison de la culture en préfiguration de Chalon-sur-Saône, de proposer de partir à la quête du « non-public » : la notion peut être comprise comme une tentative de reformulation de la place de la culture dans la cité dans le cadre d'une politisation du public. Mai va accélérer, et rendre visible, la crise d'identité qui traverse le milieu théâtral depuis le milieu de la décennie. L'alliance est désormais rompue entre les créateurs et le ministère. Dans *Asphyxiante Culture*, publiée en 1968, Jean Dubuffet traduit un état d'esprit que partagent bien des artistes : « A l'Etat, je ne connais qu'un visage : celui de la police. Tous les départements des ministères d'Etat ont à mes yeux ce seul visage et je ne peux me figurer le ministère de la Culture autrement que comme la police de la culture, avec son préfet et ses commissaires. Laquelle figure pour moi est extrêmement hostile et rebutante ».

Les politiques culturelles sont dès lors soumises à une double critique : la critique gauchiste pointe le mythe de la démocratisation culturelle et les partisans de l'ordre, qui peuplent l'hémicycle de l'Assemblée nationale, dénoncent le soutien public à des artistes soupçonnés de subversion. Pour les pouvoirs publics, l'après-mai ouvre incontestablement une nouvelle page. Aussi, comme le souligne Jean Caune, « les différentes conceptions et les formes d'action culturelle qui se manifesteront après 1968 seront largement déterminées par la crise révélée par les événements de Mai » [19].

Un an plus tard, Malraux accompagne le général de Gaulle dans son retrait de la vie politique. Au bilan, avec la création d'un portefeuille ministériel et l'autonomie administrative et budgétaire d'un ministère des Affaires culturelles, la revendication d'un droit du peuple à la culture et la promotion des avant-gardes conduisent à une triple rupture avec l'Education nationale, les Beaux-Arts et l'Education populaire. Mais des associations aux municipalités, d'autres politiques perdurent bien que fortement concurrencées par la légitimité et l'action du ministère des Affaires culturelles. Il reste que les fondements mêmes de l'action ministérielle sont fortement contestés en Mai 1968.

Jacques Rigaud propose un bilan équilibré de la décennie Malraux, loin des « légendes dorées » souvent privilégiées par les contextes commémoratifs : « son règne apparaît composite, heurté, tantôt hésitant, tantôt inspiré, à la fois verbeux et concret, tour à tour audacieux et timoré. Les épreuves personnelles, qui ne lui furent pas épargnées pendant ce temps, son peu de goût pour les dossiers, son scrupule à user de son prestige pour jouer les pourvoyeurs de crédits, les contradictions d'une nature à la fois chaleureuse et distante qui ont rendu souvent difficiles ses relations avec ses plus proches collaborateurs, pourtant dévoués corps et âme, tout cela explique ce bilan contrasté, aussi brillant par certains aspects que décevant par d'autres. Du moins Malraux a-t-il joué un rôle fondateur. Ses successeurs approfondiront et infléchiront son héritage ; aucun d'eux ne le répudiera » [17].

TROISIÈME PARTIE :

L'ÉTAT LIBÉRAL (1969-1981)

CHAPITRE I

LA MARQUE PRÉSIDENTIELLE

Au plan des politiques culturelles, l'entre-deux-mai — nous empruntons la formule à Pascal Ory [7] — n'est pas qu'un simple entre-deux. Par-delà une philosophie libérale assumée, la marque présidentielle est une nouveauté alors même que le cadre théorique de l'action ministérielle connaît un infléchissement sensible. Par ailleurs, l'appropriation de la question par les partis politiques de gauche et le réveil des villes — ces deux points sont d'ailleurs étroitement liés — donnent une coloration nouvelle à l'intervention publique dans les domaines culturels.

Le général de Gaulle avait laissé à Malraux une très large liberté d'action. Georges Pompidou et Valéry Giscard d'Estaing vont davantage peser sur les orientations de la politique culturelle. Bien plus, et au-delà de sensibilités bien différentes, l'heure est au dégagement d'un véritable domaine réservé.

Georges Pompidou et la modernité

Boursier conquérant, « rêve d'inspecteur général » selon l'expression de Jean-François Sirinelli [80 bis], collectionneur et amateur d'art contemporain, Georges Pompidou marque de son empreinte la manière d'aborder la gestion des Affaires culturelles. Cet intérêt présidentiel est affirmé avec conviction lors d'un long entretien accordé au *Monde* en octobre 1972 : « Nous avons un ministère des Affaires culturelles, et il est normal que je suive son action comme celle des autres. Mais pour moi c'est tout autre chose, l'art n'est pas une catégorie administrative. Il est le cadre de vie, ou devrait l'être. » Cependant le président de la République refuse l'idée d'un art officiel : « Quant à parler de ligne politique, il n'y a, croyez-le, aucune arrière-pensée de cet ordre dans mon esprit, au sens où l'on entend couramment le mot "politique". Je ne cherche pas à créer un style "majoritaire" ! Mais c'est vrai, la France se transforme, la modernisation, le développement dans tous les domaines sont éclatants. Pourquoi n'y aurait-il pas un lien avec les arts ? Toutes les grandes époques artistiques sont des époques de prospérité économique et souvent de puissance politique. »

Cet intellectuel généraliste, homme d'ordre et de progrès tout à la fois, estime que le chef de l'Etat a le devoir d'accompagner symboliquement la modernisation du pays. Aussi accroche-t-il ostensiblement aux murs de l'Elysée, visibles aux yeux des médias et des visiteurs, des œuvres de contemporains, de Nicolas de Staël à Serge Poliakoff. Dans le même esprit, il fait aménager les quatre premiers salons de l'aile est du palais présidentiel en appartement contemporain. Avec l'aide des Ateliers de recherche et de création du mobilier national, Yaacov Agam crée un Salon à environnement cinétique alors que le mobilier des trois autres salons est confié au styliste Pierre Paulin. Là encore, le souci de démonstration et d'exemplarité est net.

Sans pour autant créer un « style majoritaire », Georges Pompidou est convaincu que le président de la République doit tenir son rôle dans le domaine culturel. A ce titre, le chef de l'Etat se doit de fixer le cap des projets essentiels. Avec Georges Pompidou, la figure de « l'Etat, ami des arts » (Philippe Urfalino

[80 bis]) s'impose. Cette configuration va marquer durablement la politique culturelle de la Ve république.

La modestie giscardienne

Si on considère le *decorum* élyséen comme un test esthétique, l'élection de Valéry Giscard d'Estaing traduit un net retour au classicisme. Les appartements privés qu'avaient conçus Agam et Pierre Paulin retrouvent leurs décors du XIXe siècle. La faveur retrouvée du style Napoléon III au sein du Palais souligne que les options artistiques de Valéry Giscard d'Estaing ne sont plus celles de son prédécesseur.

Au-delà de la valse des hommes et des statuts de la structure ministérielle, Valéry Giscard d'Estaing semble se désintéresser pour une large part de la politique culturelle. D'ailleurs, cette question est pratiquement absente du manifeste du giscardisme *Démocratie française* publié en 1976. Jacques Rigaud, ancien directeur de cabinet de Jacques Duhamel, a évoqué cette situation dans *Libre culture* (1990) : « là est une des énigmes giscardiennes. Cette intelligence pointée de façon si aiguë sur les problèmes de notre temps, qui a pressenti et analysé avant beaucoup d'autres bien des changements de notre société, sera passée à coté du phénomène culturel. Est-ce la limite d'un esprit polytechnicien, la pudeur d'un grand bourgeois pour qui la culture, comme l'argent, la santé ou le sexe, doit rester affaire privée, secrète même, ou l'effet d'une idéologie libérale qui répugne à classer la culture parmi les affaires publiques ? Ou encore la conséquence d'une conception de la culture qui la confine en accompagnement mineur d'un art de vivre dont il est de bon ton de ne pas faire trop de cas, en le savourant sans commentaire ? ». La modernité giscardienne passe par une libéralisation de la société française — la loi Veil qui légalise l'avortement en est le meilleur symbole — et non pas par une politique culturelle à laquelle le président de la République est nettement moins attaché que son prédécesseur. La « société libérale avancée » dont rêve le nouveau président de la République n'accorde qu'une place modeste à la culture institutionnalisée. Cette « culture réduite aux "acquêts" » (Claude Mollard [69]) se traduit, nous reviendrons sur ce point, par un affaiblissement financier et structurel du ministère.

La constitution d'un domaine réservé

Les deux premiers successeurs de Charles de Gaulle n'hésitent pas à intervenir directement dans la gestion de la politique culturelle. Dès le lendemain de son élection à la magistrature suprême, Georges Pompidou fixe les quelques projets qui vont marquer son septennat interrompu. Cette célérité doit être pointée dans la mesure où elle manifeste bien l'ambition présidentielle. Georges Pompidou souhaite redonner à Paris son rôle de carrefour international dans les domaines culturels et artistiques.

Ainsi, par exemple, la volonté de consacrer une exposition à la création française la plus récente relève de l'initiative présidentielle. « Il m'apparaît souhaitable de rappeler par une manifestation exceptionnelle la place que garde la France comme foyer de culture, notamment dans les arts plastiques » écrit le président de la République à Edmond Michelet en décembre 1969. Elaborée par une jeune équipe dirigée par François Mathey, directeur du musée des Arts décoratifs, l'exposition « 72/72. Douze ans d'art contemporain » propose un parcours balisant les années soixante. Si la postérité a retenu les vives polémiques, le retrait des artistes contestataires et l'intervention des forces de l'ordre le jour de l'inauguration en mai 1972, force est de reconnaître, avec le recul, la qualité des choix esthétiques alors opérés. Cette exposition marque bien la volonté de l'Etat de s'ouvrir à l'art le plus contemporain. L'échec relatif du projet témoigne d'un air du temps idéologique fortement marqué par l'après-mai. La majorité gouvernementale dénonce « Douze ans de canulars contemporains » (Michel Poniatowski) alors qu'artistes, réunis au sein du Front des artistes plasticiens, et médias de gauche stigmatisent l '« expo-flic » (Pierre Bourgeade dans *Combat*). Georges Pompidou s'abstient volontairement de visiter une exposition qui sera néanmoins parcourue par 75 000 visiteurs, chiffre important si on le compare aux taux de fréquentation du CNAC et de l'ARC qui dépend de la ville de Paris.

Le Centre national d'art et de culture

Cette ambition présidentielle s'affirme dans le programme complexe du Centre national d'art et de culture, installé sur le plateau Beaubourg. Certes, l'idée d'un musée du XXe siècle et celle d'une bibliothèque d'information naissent dès la fin des années cinquante, mais l'intervention personnelle de Georges Pompidou, dès le mois de décembre 1969, est ici capitale. De plus, seule la volonté présidentielle explique, malgré les nombreuses résistances et vicissitudes du projet, l'aboutissement de ce programme. Le décès de Georges Pompidou en avril 1974 fragilise cependant un projet, qui sans l'intervention ferme du Premier ministre Jacques Chirac aurait pu échouer.

Œuvre des architectes Richard Rogers et Renzo Piano, composé de quatre départements — le Département des arts plastiques (MNAM), le Centre de création industrielle (CCI) et deux « organismes associés » : la Bibliothèque publique d'information (BPI) et l'Institut de recherche et de coordination acoustique musicale (IRCAM) —, le Centre Beaubourg ouvre ses portes en 1977. L'IRCAM, projet auquel Pierre Boulez réfléchit depuis plusieurs années, permet ainsi le retour en France du compositeur dans des conditions qui lui offrent une indépendance par rapport à la direction de la Musique du ministère des Affaires culturelles. De plus la création de l'Ensemble Intercontemporain et sa nomination au Collège de France consacrent en 1976 la victoire institutionnelle de Pierre Boulez.

Remarquable succès public, le Centre Beaubourg a depuis son ouverture reçu plus de 100 millions de visiteurs. Les enquêtes réalisées régulièrement sur le public du Centre invitent à affiner quelque peu l'analyse. Jeune, diplômé et parisien, ce visiteur plutôt fidèle se rencontre majoritairement à la BPI, est un habitué des expositions pluridisciplinaires des premières années — *Paris-New York* (1977), *Paris-Berlin* (1978), *Paris-Moscou* (1979) ou *Paris-Paris* (1981) —, visite plus rarement le Musée national d'art moderne, plus rarement encore une terrasse fortement appréciée des touristes. Le succès que connaîtra le Centre ne doit pas masquer les vives polémiques contemporaines suscitées par le projet présidentiel. L'architecture du Centre est alors peu appréciée par l'opinion publique et la classe politique. Certes, quelques rares défenseurs soulignent la nouveauté d'une structure qui incarne une nouvelle conception de l'action culturelle. Dans *L'Enjeu du Centre Georges Pompidou* (1976), Claude Mollard avance les arguments de la défense : « Pour le grand public, le Centre Georges Pompidou est d'abord le bâtiment d'une architecture audacieuse qui sera construit à la frontière du quartier des Halles et de celui du Marais. [...] Beaubourg est un centre de création et d'information culturelle, regroupant en un même lieu des activités complémentaires mais jusqu'ici séparées, les arts plastiques, la lecture publique, la création esthétique industrielle ou "design" et la musique. [...] Nous avons tout lieu de croire que Beaubourg doit permettre de redonner à la France un rôle important en matière de création. [...] Beaubourg repose sur ce pari selon lequel la création et la diffusion loin d'être incompatibles doivent s'épauler l'une l'autre. [...] Avec Beaubourg l'ère des temples culturels prend fin. Arrivent les grandes surfaces largement ouvertes au public sans que jamais le souci de la qualité soit abandonné ». En revanche le PSU dénonce la même année un projet perçu comme le symbole du régime : « Cette radioscopie fait apparaître Beaubourg à la fois comme la pierre de touche de la politique culturelle du pouvoir et comme un élément important d'un processus d'évolution dans le domaine culturel, évolution liée aux mutations économiques et politiques : accentuation de la centralisation et du contrôle du pouvoir sur la création [...] intégration dans la politique pro-américaine du pouvoir par une conception atlantique de la production artistique [...] évolution du marché de l'art qui se caractérise d'une part par l'interaction du privé et du public [...] d'autre part par l'intégration des productions culturelles au commerce. » En 1977 Jean Baudrillard dénonce *L'Effet Beaubourg* et prophétise l'éclatement du Centre.

Cela dit, les interventions de Georges Pompidou changent selon les ministres qui se succèdent au ministère des Affaires culturelles. Elles sont franches avec Edmond Michelet puis l'intérim d'André Bettencourt qui enregistrent la présence active de Michel Roux, conseiller technique à Matignon, et d'Henri Domerg, conseiller à l'Elysée. Ces interventions s'estompent davantage avec Jacques Duhamel qui dispose d'une administration plus solidaire et d'un véritable cabinet. La nouvelle équipe veille notamment à ce que soient respectées les procédures administratives habituelles par rapport à l'Elysée et Matignon.

Du Musée d'Orsay à la Cité des sciences

Avec Valéry Giscard d'Estaing, le président de la République n'abandonne pas des prérogatives nouvellement acquises. Aussi, les projets du Musée d'Orsay, de la Cité des sciences de La Villette ou encore de l'Institut du monde arabe sont d'inspiration présidentielle. L'exemple d'Orsay témoigne aussi d'une logique qui dépasse la gestion d'un seul septennat. Evoqué par Georges Pompidou dès 1973, porté par Valéry Giscard d'Estaing à partir de 1977, le musée est inauguré par François Mitterrand en 1986. Avec François Mitterrand, cette tendance lourde s'amplifiera sous la forme des Grands Travaux.

CHAPITRE II

LE DÉVELOPPEMENT CULTUREL

La politique culturelle des années soixante-dix est fortement tributaire de la conjoncture intellectuelle. L'esprit de mai marque la première moitié de la décennie et conduit le ministère des Affaires culturelles à reconsidérer ses modes d'action.

L'heure est aussi à une recomposition au sein de la gauche française. Le parti socialiste rénové se dote d'un véritable programme culturel, ce qui conduit les autres partis à prendre position sur des thèmes jusque-là peu évoqués.

La démocratisation remise en cause

Dès le milieu des années soixante, notamment dans le monde du théâtre, la notion de démocratisation culturelle chère à André Malraux avait enregistré une première remise en cause.

Les premières enquêtes scientifiques sur les pratiques culturelles des Français matérialisent rétrospectivement l'échec relatif de cette philosophie qui légitimait la pratique de Malraux. *L'Amour de l'art* de Pierre Bourdieu et Alain Darbel est publié en 1966 et connaît une réédition dès 1969. La première enquête INSEE sur *les loisirs des Français* est menée en 1967. Le ministère des Affaires culturelles lance ses propres enquêtes sur *les pratiques culturelles des Français*.

L'étude des pratiques culturelles des Français est conçue comme un instrument nécessaire à la planification et au développement culturel. Le colloque de Bourges avait posé des jalons dans les domaines des musées, du théâtre, des bibliothèques et du cinéma. Des études, associant approches quantitatives et qualitatives, sur le public des maisons de la culture, sur les pratiques des enfants, sur les « besoins et aspirations culturels », sur le rôle de la télévision et sur l'attitude du public à l'égard de l'art contemporain permettent de cerner de nouveaux domaines. En 1973, une enquête par sondage national, recommandée par la Commission culturelle du VIe Plan, offre, pour la première fois, un panorama d'ensemble. Au plan méthodologique, elle bénéficie des travaux empiriques menés par l'équipe de Joffre Dumazedier ainsi que de l'enquête sur les loisirs des Français menée par l'INSEE en 1967. Cependant, par effet de construction, l'enquête ne recouvre pas ce que l'on pourrait appeler la vie culturelle de la population dans toutes ses dimensions, mais seulement les pratiques qui répondent à l'offre des institutions légitimées, à cette date, comme culturelles. Aussi, ne faut-il pas ignorer, comme le souligne Augustin Girard, qui avait fait exécuter et diffuser cette première enquête, qu'elle relève d'une logique d'aide à la prévision et non d'une fonction scientifique d'avancée de la connaissance [10].

La culture au pluriel

Les responsables du Service des études et de la recherche ne méconnaissent pas les limites inhérentes à ce type d'enquêtes par sondage. Pour preuve, Augustin Girard confie à Michel de Certeau la postface du volume *Pratiques culturelles des Français*. Le philosophe-historien souligne combien la statistique ignore « les manières de vivre le temps, de lire les textes ou de voir les images ». Il souligne les limites qui affectent l'analyse des pratiques culturelles : « les analyses concernant la culture longent une immensité silencieuse ».

La collaboration entre Michel de Certeau et le Service des études et de la recherche n'est pas nouvelle. Dès 1972, Augustin Girard avait demandé à l'historien de la première modernité de l'Europe de préparer le rapport introductif du colloque européen « Prospective du développement culturel » qui se tint au Centre du Futur des Salines d'Arc et Senans en avril 1972. Ce texte, intitulé « La culture dans la société », témoigne déjà des problématiques que l'auteur privilégiera les années suivantes. Il s'agit de se pencher, non pas sur les produits culturels, mais d'analyser les opérations qui en font usage. Bien plus, il dénonce, sans aucune concession au commanditaire, le rôle des institutions culturelles publiques, confisquées au service d'une minorité sociale et d'une culture élitaire. Il souligne la passivité du public, caractéristique de « la culture de consommation ». Rejetant les catégories usuelles de « culture savante » et de « culture populaire », il plaide pour la reconnaissance — et l'analyse — de la créativité et des pratiques des gens ordinaires. Michel de Certeau ne conçoit pas ses travaux dans le cadre étroit du sérail scientifique. Son insertion au sein du service dirigé par Augustin Girard le démontre déjà. Dans le même esprit, il participe aux travaux de l'éphémère Conseil du développement culturel mis en place par Jacques Duhamel. En 1974, il réunit sous le titre *La culture au pluriel* les rapports rédigés pour Arc et Senans et d'autres textes sur les pratiques culturelles. Dans le cadre de l'action concertée « développement culturel » de la DGRST et toujours en étroite collaboration avec le Service des études et de la recherche, il bénéficie, pour la période 1974-1978, d'un contrat de recherche dont est issue *L'invention du quotidien*.

Les ouvrages de Michel de Certeau, largement diffusés, témoignent d'une nouvelle conjoncture à la fois intellectuelle et institutionnelle : la remise en cause de la culture des élites et la reconnaissance par l'Etat du pluralisme culturel.

Des pratiques inégalitaires

Les enquêtes soulignent à la fois le caractère minoritaire des pratiques culturelles et les fortes inégalités sociales qui régissent l'accès à la « culture cultivée ». Plus de 80 % des Français déclarent ne jamais assister à un spectacle d'opéra, de théâtre, de danse, de variété ou de musique classique. Ce « non-public » — la formule est popularisée par Francis Jeanson en 1968 — est-t-il une nouveauté ? Sans doute pas : la quantification des activités culturelles rend visible une tendance lourde que toutes les enquêtes postérieures confirmeront. Elle rappelle que d'autres sorties, tenues comme peu culturelles par les élites, rassemblent plus largement : la fête foraine demeure, avec le cinéma, en tête de la hiérarchie. Elle est aussi la pratique la plus populaire, ce qui signale que les pratiques sont socialement clivées.

La position sociale détermine la position dans l'espace des loisirs ainsi que dans le champ culturel et le système des goûts. Malgré la démocratisation du système scolaire et universitaire, les logiques de « distinction » (Pierre Bourdieu) perdurent, même si elles changent de formes. De plus, ces inégalités liées aux catégories sociales et au capital culturel sont renforcées par des inégalités géographiques : habiter Paris, l'Ile-de-France ou une agglomération de plus de 100 000 habitants renforce le taux et la diversité des pratiques.

Le gauchisme culturel

De surcroît, les événements de mai 1968 et le nouveau contexte idéologique qui domine la première moitié de la décennie confortent assurément cette remise en cause. L'« inflation culturelle » (François Bourricaud) conduit à une crise de la culture générale et à un rejet de la culture classique.

La culture n'est plus un foyer d'intégration, mais contribue à la contestation. L'idée de diffuser la culture des cultivés n'est plus partagée par toute une génération d'animateurs. Il s'agit désormais de « donner la parole » à ceux qui ne l'ont pas. Jean Caune note que « le rejet des valeurs de la classe dominante va de pair avec l'affirmation de l'identité culturelle des classes dominées » [19]. La politisation de la création s'affirme alors même qu'une partie de la jeunesse est davantage réceptive à la « contre-culture » issue de l'*underground* américain et anglais.

La scène intellectuelle, qui a pris ses distances avec le pouvoir, accompagne ce « nouvel esprit du temps ». En 1969, Edgar Morin diagnostique un climat de crise : « il y a conflit entre les aspirations démocratisantes par lesquelles l'intelligentsia de gauche voudrait ouvrir la culture à tous et la caricature qu'en présente à ses yeux la culture de masse ». Cette thématique de la crise culturelle est également présente dans le Rapport général pour le VIe Plan publié en 1971. L'échec de la politique culturelle menée depuis la création du ministère est analysé dans une perspective nettement anti-étatiste.

Une nouvelle philosophie d'action

L'infléchissement de la philosophie d'action du ministère des Affaires culturelles doit être lu pour une large part comme une réponse à cette conjoncture intellectuelle. Au cours des années soixante-dix, la notion de « développement culturel » efface des tablettes gouvernementales « l'action culturelle » utilisée par André Malraux.

En réalité, la notion n'est pas nouvelle. Sa genèse est contemporaine de la formalisation de la doctrine du jeune ministère des Affaires culturelles à l'aube des années soixante. Joffre Dumazedier offre une première définition opératoire dès les premières Rencontres d'Avignon en 1964. La même année, il reprend cette problématique lors du colloque de Bourges : « Le développement culturel se définit comme une mise en valeur des ressources physiques et mentales de l'homme en fonction des besoins de la personnalité et de la société [...] C'est un concept formel qui a, avant tout, une valeur historique et opératoire pour une société pluraliste qui appelle dans ce nouveau domaine un progrès de la planification concertée ». Né dans les milieux de l'éducation populaire, discuté et défendu au sein de la Commission des Affaires culturelles du VIe Plan, approprié par certains administrateurs du ministère demeurés hostiles à la doctrine élaborée précédemment par Emile Biasini, ce nouveau discours s'impose sous le ministère Duhamel.

Dès avril 1971, Jacques Duhamel expose à l'Assemblée nationale sa philosophie d'action : « En vérité, je crois que, si nous regardons l'action à mener, nous sommes conduits à considérer deux aspects de cette politique : son aspect social et son aspect libéral. Son aspect social parce que nous devons démontrer — et ne pas seulement nous convaincre — que la culture n'est plus ou ne doit plus être — car ce n'est pas encore tout à fait ainsi — une notion privilégiée, “elliptique”. [...] Il faut que, de nos jours, cette possibilité de connaissance, de perception, de réaction, de dialogue et de joie puisse être offerte au plus grand nombre ; ce qui pose déjà le problème des mécanismes de transmission, d'éducation, de diffusion de la culture. [...] Si nous ne voulons pas d'une politique culturelle étatique, uniforme et sclérosée, nous devons, je le répète, accepter que se produisent des divergences, des dissonances dans les formes de l'art, de l'expression et savoir prouver, dans ce domaine plus encore que dans tout autre, que la tolérance est un risque, mais une vertu de la démocratie. »

Si la démocratisation de la culture reste présente, elle est infléchie par deux approches nouvelles : l'acception anthropologique de la culture remplace l'universalité de la haute culture ; la reconnaissance de la diversité des voies pour atteindre cette démocratisation remplace la nécessité du choc esthétique. Au total, Philippe Urfalino souligne combien « la démocratie culturelle comme processus succède à la démocratisation comme organisation de l'accès aux œuvres » [27].

L'heure des partis politiques

Les années soixante-dix enregistrent une autre inflexion d'envergure. Désormais les partis politiques, à gauche essentiellement, s'approprient la question des politiques culturelles. L'évolution du paysage politique national est ainsi pour beaucoup dans les nouvelles problématiques qui structurent les politiques culturelles.

Jusqu'alors, seul le PCF, dont l'influence reste forte dans le monde des arts et de la culture, possédait un discours théorique cohérent, reformulé en 1966 lors du comité central d'Argenteuil qui clôture officiellement la période jdanovienne : la culture « trésor accumulé des créations humaines » doit être partagée par tous. Par cette doctrine, le parti communiste privilégie fortement l'acte créateur tout en restant méfiant vis-à-vis de l'action culturelle perçue comme une concurrente de l'action politique. Le programme communiste de 1971 n'enregistre pas de rupture spectaculaire. En revanche, l'élaboration du programme commun de gouvernement, signé en 1972 avec le Parti socialiste et le Mouvement des radicaux de gauche, suscite une véritable dynamique politique. La troisième partie du programme commun inclut les questions culturelles sous la rubrique emblématique « Changer la vie ». Sur ce terrain, la concurrence avec le Parti socialiste se fait donc plus vive.

« Pour changer la vie, il faut une nouvelle culture »

Le nouveau parti socialiste issu du congrès d'Epinay (1971) se dote d'un projet culturel puis d'un secrétariat national à l'action culturelle (1973), animé par Dominique Taddéi. La rupture est forte avec une SFIO qui réduisait le culturel à la question scolaire. Si la stratégie politique de distinction vis-à-vis du parti communiste est indéniable, elle n'épuise pas l'explication d'un tournant culturel qui témoigne également de la récupération des thématiques gauchistes et de la sociologie nouvelle d'un parti de plus en plus présent au sein des couches moyennes salariées particulièrement actives au sein des associations culturelles.

En 1974, le secrétariat national à l'action culturelle, composé d'artistes, de jeunes universitaires et d'énarques, élabore un texte général « Orientation générale d'une politique d'action culturelle ». Le glissement de la démocratisation culturelle à la démocratie culturelle est clairement exprimé : « La culture globale que nous souhaitons développer doit être une culture pour tous, au service de tous. Mais il faut aussi que ce soit une culture par tous ». Assez proche du discours socio-culturel, ce texte pose les bases de la doctrine socialiste (acceptation du caractère global de la culture ; intégration de la culture au projet autogestionnaire, refus de la sacralisation des œuvres) et quelques propositions d'action (l'élargissement de la culture, la démocratisation pour tous, une décentralisation issue de la base, la création d'un grand ministère de l'Action culturelle). Le changement de société espéré se doit de développer un volet culturel : « Aujourd'hui peut-on prétendre "changer la vie" sans assumer les problèmes de l'animation des quartiers et des zones rurales, les techniques audio-visuelles, le cadre de vie, les revendications des minorités régionales, la condition faite aux femmes, tout ce qui fait appeler, faute de mieux, la Culture, sous peine de la réduire aux Arts et Belles-Lettres. Ainsi, au-delà de la volonté permanente de rénovation du Parti, existent dans ce troisième tiers du siècle des raisons objectives à l'irruption du culturel dans le politique : un grand parti doit donc donner à la politique sa dimension culturelle, et pour cela reconnaître la dimension politique de la culture ».

Dans les années qui suivent, le secrétariat national à l'action culturelle organise de multiples rencontres avec les professionnels de la culture. A terme, le discours socialiste s'infléchit en tenant davantage compte des revendications des différents secteurs des professions artistiques et culturelles. Quelques énarques-militants, proches de l'opposition, apportent également leur expertise au parti socialiste. Catherine Tasca, Jérôme Clément, Michel Berthod, Bernard Faivre d'Arcier participent, aux côtés d'élus et de praticiens de l'action culturelle, aux réflexions menées par l '« Atelier culturel » à partir de 1977.

Après le congrès anti-rocardien de Metz (1979), le secrétariat national à l'action culturelle est dissous. Jack Lang, nommé délégué national à la Culture, se voit confier la charge du secteur culturel qu'il assume alors avec dynamisme. La prise en compte des revendications des professionnels est confortée par Jack Lang qui déclare peu croire aux « programmes culturels ».

Fort du soutien de François Mitterrand, ce dernier place plutôt la culture au service du combat politique du premier secrétaire du parti socialiste. Jack Lang orchestre le soutien des mondes de l'art à la candidature de François Mitterrand alors même que le débat sur le totalitarisme souligne le divorce grandissant entre une partie des intellectuels et le parti socialiste.

Aussi, « Tout est donc prêt pour le changement d'équipe en 1981. Les dossiers sont connus, à un niveau de précision sans doute inégal mais jamais atteint jusque-là par un parti d'opposition. Les réseaux sont constitués. Les principales propositions sont avancées » (Pascal Ory [98]).

En réaction : à droite, aussi...

Les partis de la majorité gouvernementale, traditionnellement plus timides sur les questions culturelles, se positionnent progressivement par rapport à la dynamique insufflée par la gauche. Au début des années 70, ce sont seulement quelques personnalités de la majorité qui prennent position sur les questions culturelles sans engager les structures partisanes en tant que telles.

Il faut attendre 1975 pour que l'UDR publie un premier texte programmatique — *Pour la culture* — qui reconnaisse la dimension culturelle de l'action politique. Malgré cette inflexion, le programme gaulliste *Propositions pour la France* (1977), de la majorité sortante (RPR-UDF), programme dit de Blois (1978), puis *Atout France* (1980) n'accordent qu'une place très marginale aux questions culturelles.

Lors de la campagne présidentielle, Jacques Chirac, conseillé par Pierre Emmanuel — délégué à la Culture du RPR depuis 1979 —, développe cependant un volet culturel placé sous le titre « La culture comme priorité nationale ». En réalité, seule l'arrivée de la gauche au pouvoir obligera la nouvelle opposition parlementaire à se doter d'un véritable programme culturel. Comme le souligne Stéphane Dufour, « la défaite de 1981 et le passage dans l'opposition ont amplifié la résonance du discours de Jacques Chirac, alors que la priorité donnée à la culture par François Mitterrand et Jack Lang lui donna encore plus d'acuité » [55].

CHAPITRE III

L'ÉMOI PATRIMONIAL

Une structure ministérielle fragilisée

De 1969 à 1981, la dénomination de la structure ministérielle a changé à plusieurs reprises. L'appellation fondatrice de ministère des Affaires culturelles se mue en ministère des Affaires culturelles et de l'Environnement en mars 1974.

Dès le mois de juin suivant, la structure s'affaiblit incontestablement en devenant un simple secrétariat d'Etat à la Culture. Par là même, la Ve République giscardienne confirme la place modeste qu'elle souhaite attribuer à la politique culturelle. En février 1977, l'appellation ministère de la Culture et de l'Environnement s'impose avant de se transformer de nouveau, en mars 1981, en ministère de la Culture et de la Communication. Ces multiples fluctuations témoignent pour une part de l'incertitude à formuler clairement les attributions qui relèvent de l'intervention de l'Etat dans les domaines artistiques et culturels.

L'organigramme de l'administration centrale enregistre aussi de profondes modifications. Avant même le départ de Malraux, en mars 1969, la suppression de la Direction générale des Arts et Lettres suscite une recomposition d'envergure. La création d'une Direction de l'Action culturelle et le regroupement des spectacles vivants au sein d'une Direction des spectacles, de la musique et des lettres matérialisent les principaux changements. En 1970, la musique obtient enfin son autonomie sous la forme d'une Direction de la Musique, de l'Art lyrique et de la Danse. Cette nouvelle configuration sert de socle administratif sur l'ensemble de la période considérée. Deux changements sont cependant à signaler.

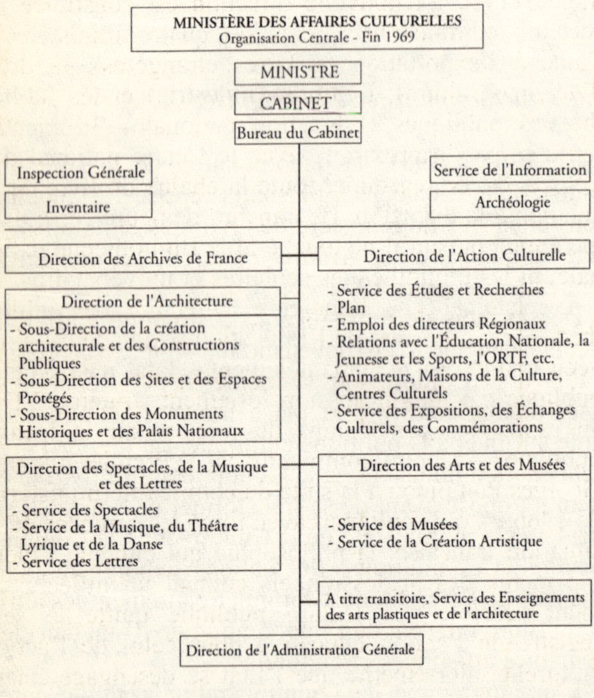

Source : G. Poujol, *La Création du ministère des Affaires culturelles. 1959-1969*, Paris, ministère de la Culture, 1993, p. 95.

Le livre à la Culture

En 1975, la création de la Direction du Livre conduit à une première réorganisation. Au sein de l'Education nationale, la direction des Bibliothèques avait joué depuis 1945 « un rôle symbolique dans la visibilité des établissements et un rôle actif dans la professionnalisation des bibliothécaires comme dans le développement des bibliothèques universitaires » (Anne-Marie Bertrand [114]). La nouvelle direction est constituée de secteurs administratifs issus de quatre ministères : l'aide à l'exportation (Affaires étrangères), le droit d'auteur (Culture), l'édition (Industrie) et les bibliothèques publiques (Education nationale). L'objectif, renforcé par la proximité avec le Centre national des Lettres, est de regrouper toute la chaîne du livre de la création à la diffusion. Le transfert demeure cependant incomplet puisqu'il ne touche ni la Bibliothèque nationale, ni les bibliothèques scolaires et universitaires.

L'éclatement de l'ancienne Direction des bibliothèques du ministère de l'Education nationale est alors vécu comme un « démantèlement » fatal à la lecture publique par une profession fortement structurée. Dix ans après les conclusions du rapport sur la lecture publique — rapport commandé par le Premier ministre Georges Pompidou à la suite du comité interministériel de 1966 — qui soulignait avec force les carences de la situation française, la philosophie qui cimente l'identité même des professionnels connaît un infléchissement sensible. La lecture publique quitte le seul registre de l'action éducative pour celui de l'action culturelle, alors même que l'Etat se désengage financièrement.

La perte de l'Architecture

En 1978, les attributions de la direction de l'Architecture sont transférées au ministère de l'Environnement et du Cadre de vie. Michel d'Ornano — pièce maîtresse de la mouvance giscardienne — change de portefeuille et emmène avec lui la tutelle de l'Architecture. La perte de la lointaine héritière de l'Administration des Bâtiments du Roi est sensible pour l'administration de la Culture. Arc-boutée sur la gestion patrimoniale de la protection, la rue de Valois n'a pas perçu le déplacement progressif des enjeux. Les relations entre la ville et l'architecture deviennent prépondérantes, logique déjà appréhendée par l'enseignement de l'architecture et la recherche architecturale.

La création d'une direction du patrimoine est une réponse à la perte de la direction de l'Architecture. En effet, la sous-direction des Monuments historiques et des Palais nationaux demeure sous la tutelle de la Culture. Elle est le noyau d'une direction du Patrimoine qu'elle forme, avec le département d'Archéologie et le service de l'Inventaire général des richesses artistiques de la France, à partir d'octobre 1978. Cette autonomisation, voulue par le ministre Jean-Philippe Lecat, est ensuite confortée par un élargissement de la notion de patrimoine : construite à l'origine pour les seuls Monuments historiques, cette direction du Patrimoine intègre, à partir de 1980, une division du Patrimoine mobilier, une Mission du Patrimoine ethnologique et une Mission du Patrimoine photographique.

D'un ministre, l'autre...

Pendant cette période, la rue de Valois accueille successivement neuf locataires. Il est certain que la brièveté de certains séjours — Edmond Michelet (1969-1970), André Bettencourt (1970-1971), Maurice Druon

(1973-1974), Françoise Giroud (1976-1977), Michel d'Ornano (1977-1978) et Alain Peyrefitte (quelques mois en 1974) — a été un handicap pour un ministère à conforter. Dès lors, la durée (même relative) peut renforcer un réel volontarisme politique : tel est le cas pour Jacques Duhamel (1971-1973), Michel Guy (1974-1975) et Jean-Philippe Lecat (1978-1981), même si la politique de ce dernier souffre assurément du contexte de fin de règne. De 1969 à 1981, deux ministres surtout ont su donner un souffle nouveau à la politique culturelle de l'Etat : Jacques Duhamel et Michel Guy.

Le moment Duhamel

Après le départ de Malraux, le choix d'Edmond Michelet avait surpris le plus grand nombre. La stature morale du ministre, humaniste reconnu, résistant et déporté, était renforcée par la titulature : comme son illustre prédécesseur, Edmond Michelet, gaulliste historique, est ministre d'Etat, chargé des Affaires culturelles. Sa gestion — poursuivie par l'intérim d'André Bettencourt —, bien que fort courte et somme toute discrète, avait permis l'essentiel : le maintien technique de la structure ministérielle que sa faiblesse rendait toujours vulnérable.

Le ministère Duhamel repose sur un paradoxe. Assez peu mise en avant à l'époque, voire dénoncée par un air du temps idéologique porté à l'opposition critique, cette expérience ministérielle (27 mois) du leader de la composante centriste de la majorité gouvernementale a laissé une trace profonde dans la mémoire des acteurs. Entre une décennie Malraux fondatrice et une décennie Lang médiatique, le moment Duhamel n'est pas qu'anecdotique. L'homme politique d'envergure, dont la maladie brisa une carrière montante, sait prendre la mesure de la tâche à accomplir et conforte une administration centrale alors fragile. L'amorce de la déconcentration, mesure essentielle pour les années à venir, complète le travail administratif mené à l'échelle de l'administration centrale. Pour ce faire, Jacques Duhamel utilise fort à propos les propositions de la Commission culturelle du VIe Plan tout en réaffirmant avec force la prérogative gouvernementale face à une Commission qui « se voyait dans un rôle de ministère-bis de la Culture » (Jacques Rigaud [59]).

Si les continuités sont nombreuses, les inflexions sont frappantes. L'affirmation de la transversalité au sein d'un ministère habitué à un fonctionnement vertical est à signaler. La création du Fonds d'intervention culturelle (FIC), chargé de financer les actions innovantes, relève de cette logique et l'élargit même en lui conférant une perspective interministérielle. Cinquante opérations sont financées en 1971, soixante-dix en 1972. En revanche, l'expérience du Conseil du développement culturel, organisme consultatif présidé par Pierre Emmanuel, est un échec. Au total, la volonté de mener une politique globale et interdisciplinaire de développement culturel constitue bien la marque propre du ministère Duhamel.

Parallèlement, les politiques sectorielles ne sont pas oubliées. Le Plan Landowski enregistre une réelle montée en puissance, notamment sous sa rubrique diffusion. Dans le domaine des théâtres, l'heure est à la contractualisation. Le choix des hommes se révèle judicieux dans la modernisation de prestigieuses institutions : Rolf Liebermann à l'Opéra de Paris, Pierre Dux à la Comédie-Française et à l'Odéon sont de ceux-là. La politique du patrimoine abandonne le prestige pour irriguer l'ensemble du territoire : « mieux vaut restaurer mille monuments pour cinquante ans, que cinquante pour mille ans » indique Jacques Duhamel. Certaines initiatives ne donnent pas les résultats escomptés. Ainsi la signature d'une charte avec l'ORTF en mars 1971 ne suffit pas à arrimer un véritable partenariat avec les Affaires culturelles. Cette situation est encore renforcée quand le gouvernement Messmer reprend en main la radiotélévision publique après le départ de Jacques Chaban-Delmas.

La conjonction d'une ambition ministérielle et de talents administratifs permet à l'équipe de Jacques Duhamel d'obtenir une croissance significative du budget. On passe de 0,47 % en 1972 à 0,55 % du budget de l'Etat en 1973. Ceci étant, ce budget demeure bien modeste : 845 millions de francs en 1972, le cap du milliard est juste dépassé pour l'exercice suivant. Jacques Duhamel, passant en 1971 du ministère de l'Agriculture à celui des Affaires culturelles, note avec humour : « on parle des mêmes sommes qu'à l'Agriculture, mais ici il s'agit d'anciens francs ». De plus, l'équilibre sectoriel du budget n'est pas fondamentalement remis en cause. En revanche, la pratique de la gestion déléguée s'impose peu à peu : l'ère des subventions s'ouvre et accompagne le souci d'impulser une politique contractuelle. La ligne promue par Jacques Duhamel est libérale et inscrit le rôle de l'Etat dans trois directions : conserver le patrimoine, favoriser la diffusion et encourager la création. Le Premier ministre, Jacques Chaban-Delmas, soutient cette ligne et inscrit explicitement le développement culturel dans son projet politique. Cette « nouvelle société », tentative de modernisation de la société, échoue face à l'hostilité présidentielle et à la méfiance de la majorité parlementaire.

La sébile et le cocktail Molotov

Le successeur de Jacques Duhamel, Maurice Druon, ministre d'avril 1973 à février 1974, est chargé de remettre de l'ordre au sein du ministère : « serrez la vis » lui aurait dit Georges Pompidou. Il parvient même à soulever contre lui avec sa déclaration sur la « sébile à la main et un cocktail Molotov dans l'autre » une large partie des professionnels de la culture. Au quotidien, l'auteur des *Rois maudits*, membre de l'Académie française depuis 1966, gère les affaires publiques sans vraiment remettre en cause les principales orientations du ministère des Affaires culturelles. A son départ, il évoque le ministère sous la forme d'une métaphore maritime : « la poupe d'un ancien croiseur de bataille et l'avant d'un trimaran de course naviguant avec un équipage de 9500 hommes, qui ne manœuvrent pas toujours dans le même sens ».

Un « printemps culturel »

La période qui correspond au septennat de Valéry Giscard d'Estaing se caractérise par l'introduction d'une logique libérale, au sens économique du terme, et par un relatif désengagement financier de l'Etat. Peu présente dans les VIIe et VIIIe Plans, la Culture se voit accorder un budget bien modeste : le plus souvent en dessous de 0,6 % du budget de l'Etat et même 0,47 % en 1981.

De juin 1974 à août 1976, la gestion de Michel Guy apparaît pourtant comme un véritable « printemps culturel » (Emmanuelle Loyer [66]). Cet amateur d'art, fondateur du Festival d'Automne, incarne un réel volontarisme, fragilisé cependant par son absence de surface politique. Sans être totalement absente du domaine patrimonial — intérêt porté aux monuments des XIXe et XXe siècles —, la politique de Michel Guy est surtout sensible dans le domaine des spectacles vivants : il soutient Liebermann à l'Opéra de Paris et reconnaît le talent de jeunes metteurs en scène en leur confiant des institutions : Jean-Pierre Vincent au Théâtre national de Strasbourg, Georges Lavaudant à

Grenoble, Bruno Payen à Toulouse et Daniel Benoin à Saint-Etienne incarnent ce renouveau. Cela étant, le fait du prince est quelquefois bien présent et ne répond pas vraiment à une ligne politique : éviction de Jack Lang de Chaillot, tentative de ne pas renommer Guy Rétoré au TEP. De plus, en 1975, le renouvellement des contrats de décentralisation enregistre le déclin des fondements du théâtre populaire et le triomphe des créateurs. Comme le note Guy Brajot, directeur du théâtre et des maisons de la culture de 1970 à 1979, « le narcissisme du metteur en scène allait dorénavant prendre le pas sur l'engagement civique du directeur de troupe » [98]. Le monde des professionnels qui bénéficie de ce nouveau mode de fonctionnement est moins critique. « La politique de ce dilettante s'inspira de ses goûts (bons, fort heureusement !) ; prince de la Renaissance » souligne Raymonde Temkine dans *Le Théâtre en l'Etat* (1992).

Ces années-là voient se concrétiser l'effacement de la censure cinématographique. Depuis l'interdiction de *La Religieuse* de Jacques Rivette sous la pression des milieux catholiques en 1966, le souffle de Mai avait fragilisé cette pratique régalienne. Sans abandonner toute logique de contrôle, Jacques Duhamel avait déjà renoncé à toute censure pour des motifs politiques. Michel Guy franchit un pas supplémentaire en supprimant la censure cinématographique. Pour endiguer la vague pornographique, l'Etat institue cependant un contre-feu fiscal. Le classement « X » suscite une taxation accrue des films et des salles concernés. Dans le même temps, les crédits de l'avance sur recettes sont doublés pour aider un cinéma confronté à l'inexorable montée en puissance de la télévision. Cela dit, la faiblesse croissante du taux de remboursement de l'avance sur recettes conduit le CNC sur une pente qui se confirme les deux décennies suivantes : une simple politique de subventions.

Françoise Giroud n'a guère le temps, d'août 1976 à mars 1977, de marquer le ministère de son passage. Le décret de création des Directions régionales des Affaires culturelles est certes une mesure essentielle pour l'avenir mais qui ne doit rien à la ministre et relève surtout de l'obstination de quelques membres de l'administration centrale.

Le patrimoine avant tout

La fin de la période et le retour de ministres plus politiques — Michel d'Ornano puis Jean-Philippe Lecat — voient le patrimoine nettement privilégié sur la création. La création de l'Institut français de restauration des œuvres d'art en 1977, la formation d'une direction du Patrimoine en 1978, la loi-programme pour les musées (dont le futur musée d'Orsay à hauteur de 25,8 % des crédits) la même année, et l'« année du patrimoine » en 1980 illustrent cette tonalité dominante. Le président de la République souhaite également l'organisation d'une exposition qui permette de sensibiliser le public aux métiers d'art. L'organisation de cette exposition, intitulée « les métiers de l'art » (novembre 1980-mars 1981), sera finalement confiée à François Mathey qui saura dépasser la seule logique patrimoniale. La gestion politique du patrimoine n'est pas sans rappeler l'esprit de la monarchie de Juillet : le giscardisme assume ici l'héritage de l'orléanisme.

L'« année du patrimoine » inaugure une pratique de sensibilisation et de communication que la décennie suivante généralisera. Son succès public, pour le moins inattendu, déborde la seule logique administrative et rend compte de la résonance sociale, surtout en province, acquise par les thématiques patrimoniales. Sur le terrain, six mille associations de défense du patrimoine et quatre mille associations rurales de culture et de loisirs traduisent depuis quelques années la mise en place, en dehors de tout contrôle étatique, d'un véritable tissu local. La lecture ethnologique du patrimoine estompe quelque peu la seule référence aux monuments historiques. « L'émoi patrimonial » (Jean-Pierre Rioux [136]) colore de plus en plus le climat culturel d'une société à la recherche de ses racines et doutant de son avenir. Les sondages permettent de lire cette inflexion sémantique : fin 1979, 12 % des Français ont une lecture culturelle de la notion de patrimoine ; ce pourcentage passe à 36 % fin 1980.

Sous le signe du libéralisme économique

Enfin, le libéralisme économique touche la culture : la libéralisation du prix du livre en 1979 en est l'exemple emblématique. En supprimant le régime du « prix conseillé », les pouvoirs publics répondent aux souhaits de la Fédération française des Syndicats de libraires et d'importants libraires, notamment la FNAC qui pratique des rabais substantiels depuis 1974. Le débat sur le prix du livre devient même un enjeu politique : lors de la campagne présidentielle de 1981, le projet d'un prix unique est présent dans les programmes de François Mitterrand et de Jacques Chirac.

Alors que les effets de la crise économique se font sentir, le désengagement financier de l'Etat affecte durement l'ensemble des établissements culturels : les CDN, les maisons de la culture et les centres d'actions culturels, et a pour corollaire l'appel au mécénat privé — Jacques Rigaud lance l'Association pour le développement du mécénat industriel et commercial en 1979 — et surtout aux collectivités locales. De 1979 à 1981, le budget culturel de l'Etat recule en francs constants alors que les dépenses culturelles des collectivités locales amorcent une hausse sensible.

CHAPITRE IV

L'ÉTAT PARTENAIRE

Les années 70 enregistrent une double mutation qui va susciter une recomposition fondamentale du paysage culturel public. En premier lieu, les collectivités locales, les villes surtout, se dotent de véritables politiques culturelles. De surcroît, l'Etat reconnaît cette nouveauté et envisage un partenariat avec les collectivités locales.

Un enjeu politique local

Le rôle des partis politiques au plan national se retrouve à l'échelle locale. Bien plus, exclus du pouvoir gouvernemental, les partis de gauche bénéficient d'expériences municipales.

Le parti communiste demeure fidèle à la ligne défendue au sein de la FNCCC depuis la fin des années soixante mais en l'inscrivant dans le cadre d'une « transformation révolutionnaire de la société ». Considérée comme « un secteur important des luttes pour le changement démocratique », la nécessité d'une politique culturelle municipale s'impose. Si le parti défend une conception large de la culture, la question du soutien à la création demeure centrale. La nouvelle stratégie communiste vise également à s'ouvrir en direction des classes moyennes salariées et des professions intellectuelles. De fait, le comité central d'Argenteuil

(1966) officialise des pratiques antérieures menées dans quelques municipalités communistes de la banlieue parisienne comme Nanterre, Saint-Denis et Aubervilliers. Il s'agit aussi pour le parti communiste de conserver une hégémonie culturelle à gauche alors même que le parti socialiste développe un discours alternatif

Parallèllement à l'élaboration d'un programme culturel par le Secrétariat national à l'action culturelle, le parti socialiste lance une réflexion sur le rôle des collectivités locales. Dans ce cadre, ce sont, surtout à partir de 1977, les élus réunis dans la Fédération nationale des élus socialistes et républicains (FNESR) qui jouent le rôle principal. A l'horizon des collectivités locales, le projet culturel socialiste demeure attaché à l'idéologie associative et aux vertus de la démocratie locale. Mais la pratique du pouvoir municipal infléchit nettement ces propositions dès la fin des années soixante-dix. Les élections de 1977 marquent incontestablement l'irruption des politiques culturelles sur l'agenda politique. Désormais, la culture est un enjeu qui compte sur la scène politique municipale. De plus, la victoire de la gauche dans de grandes villes fait jouer à celles-ci le rôle de véritables laboratoires pour la mise en œuvre de la politique culturelle socialiste. « La crise du SNAC ne l'affecte pas en 1979 et elle prend alors le relais du parti quand celui-ci abandonne la réflexion » (Cecyle Jung [64]). Ces élus apprennent à dialoguer avec l'administration du ministère de la Culture. Après 1981, cette expérience acquise par les élus, à Grenoble par exemple, sera pleinement utilisée et valorisée rue de Valois.

La municipalisation de la culture

Cette indéniable politisation est contemporaine de la structuration du domaine culturel dans les organigrammes municipaux. Amorcée dès les années soixante dans certaines villes, l'institutionnalisation se généralise : la création de délégations culturelles confiées à des adjoints, de commissions spécialisées et de services techniques confirment la réalité de ce secteur d'intervention municipale. C'est au cours du mandat municipal inauguré en 1977 que le plus grand nombre de délégations est créé : 41 % de celles existantes en 1987 datent de cette période. Le mouvement est plus précoce dans les villes de plus de 150 000 habitants : 57 % des délégations existantes en 1987 avaient été créées avant 1965.

Une pesée financière permet de mieux appréhender encore cette « municipalisation de la culture » (Philippe Urfalino). En 1978, les collectivités locales représentent, avec 11,5 milliards de francs, 52,4 % des dépenses publiques culturelles. Les municipalités concentrent à elles seules 45,2 % de ces dépenses, loin devant les départements (6,3 %) et les Etablissements publics régionaux (0,9 %). De 1963 à 1978, les dépenses culturelles des municipalités ont ainsi été multipliées par dix-huit. En moyenne, les villes de plus de 10 000 habitants consacrent 7,3 % de leur budget total et 170 francs par habitant à la culture ; 8,9 % et 248,6 francs par habitant pour les villes de plus de 100 000 habitants. Si cette dépense croît avec la taille de la ville et sa richesse, c'est sa situation dans l'environnement urbain qui est le plus déterminante : à ce titre, ce sont les villes-centres d'agglomération, qui disposent de nombreux équipements et offrent une animation multiforme, qui dépensent le plus. La situation de la ville interfère aussi beaucoup avec la répartition par domaines culturels.

Certaines villes se singularisent par l'effort consenti pour les domaines culturels : Avignon (830 francs/hab. et 20,3 % de son budget), Bordeaux (635,4 francs/hab.

et 15,2 %), Annecy (580 francs/hab. et 16,9 %) ou encore Grenoble (440,9 francs/hab. et 14 %).

Si les politiques initiées par des municipalités de gauche font figure de modèles et s'opposent alors, dans les représentations, aux politiques de gestion des « Beaux-Arts » des villes dirigées par des notables conservateurs, certaines municipalités de droite s'ouvrent également à ces problématiques. Ainsi, la ville de Lyon publie en 1977 un livre blanc sur la situation culturelle de la cité. Issu d'une vaste consultation, l'ouvrage, au-delà d'un bilan circonstancié, propose pour l'avenir un programme cohérent. Il témoigne également d'une mutation majeure : l'effacement de l'animation au profit de la création.

Les sirènes de la création

Les débats sur la justification d'une politique culturelle sont également sensibles au plan local. Là aussi, la démocratie culturelle est à l'ordre du jour. La domination progressive de la notion ne se fait pas sans turbulences. Le monde de l'animation culturelle et socio-culturelle sort profondément divisé de ces polémiques qui ne sont pas seulement rhétoriques et qui posent, en filigrane, la question du contrôle des équipements et des relations avec les collectivités locales.

L'évolution de la politique culturelle de Grenoble traduit parfaitement cette mutation. Réélue en 1971, la municipalité dirigée par le socialiste Hubert Dubedout, modèle de volontarisme étroitement lié à l'idée de participation et de promotion sociale par la culture, s'éloigne des fédérations d'éducation populaire. La mise en place d'équipements intégrés dans le nouveau quartier de la Villeneuve est une affaire de professionnels : les travailleurs sociaux salariés remplacent les militants d'antan. Cette professionnalisation qui ne touche pas seulement le secteur socio-culturel se conjugue à une nouvelle approche de l'équipement qui apparaît, dans une société valorisant de plus en plus l'individualisme, comme un simple lieu qui offre des services et biens culturels à des consommateurs. La maison de la culture cristallise le conflit entre animateurs et créateurs. En confiant en 1982 sa direction au metteur en scène Georges Lavaudant, la municipalité confirme le rôle désormais légitimant de l'acte créateur. Dès 1980, la FNESR avait enregistré cette mutation : « Les élus socialistes ont tenu à réagir contre la vision de l'animateur-démiurge qui se verrait déléguer tous les pouvoirs dans le domaine de l'action culturelle. Vision qu'ils ont parfois encouragée en donnant un véritable blanc-seing aux animateurs pour mener leur propre politique ».

La reconnaissance des collectivités locales

Dans le même temps, le ministère de la Culture réoriente sa position vis-à-vis des collectivités locales. Le ministère Duhamel (1971-1973) confirme la lente mise en place des services déconcentrés de l'Etat. Jacques Duhamel, premier ministre des Affaires culturelles qui soit aussi un élu local, à Dole, et un leader politique, reconnaît la réalité du volontarisme municipal. A l'Assemblée nationale, il déclare en mai 1971 que « la politique culturelle ne peut être le fait de l'Etat seul et [qu'] un rôle capital revient aux collectivités locales ». Le souhait de l'interministérialité s'incarne dans le Fonds d'intervention culturelle (FIC) et un partenariat mené avec la DATAR. Les villes nouvelles et les villes moyennes apparaissent comme des territoires privilégiés. Pour les villes moyennes, la perspective d'un partenariat avec l'Etat est même esquissée. D'une manière générale, les dépenses culturelles des villes, étudiées par la FNCCC et le SER, sont désormais perçues comme un relais possible pour l'Etat. Jacques Duhamel évoque « l'idée de contrats qui pourraient se conclure entre les communes et le ministère » afin de rationaliser les relations entre l'Etat et les villes. Cette idée de partenariat — présente également dans le rapport de la Commission des affaires culturelles du VIe Plan — traduit une nouvelle perception des rapports entre l'Etat et les villes.

Les maisons de la culture, déjà ébranlées par mai 68, perdent leur caractère d'exemplarité. Le développement des Centres d'Action Culturels (CAC), équipements moins onéreux, conçus pour les villes moyennes et plus ouverts aux initiatives locales, ne connaît pas pour autant un immense succès. L'heure est au volontarisme municipal : significative est, à partir de Duhamel, l'intervention financière plus sensible des villes dans le budget des Centres dramatiques nationaux.

Les chartes culturelles

La politique de contractualisation, esquissée par le ministère Duhamel, se concrétise avec la signature de « chartes culturelles » à partir de 1975.

Le dispositif des chartes culturelles traduit une inflexion majeure dans les modes de relations entre l'Etat et les collectivités locales. Mobiliser les élus (et les budgets) locaux par la concertation, casser les clivages sectoriels, affirmer le caractère global d'une politique culturelle et mener une programmation budgétaire pluriannuelle sont les principaux objectifs que se donne cette « nouvelle approche de la politique culturelle » (Michel Guy).

Le secrétaire d'Etat à la Culture, qui fait de cette procédure une priorité politique, souhaite une concrétisation rapide. Une « division de l'action régionale » est créée au sein de la Direction de l'administration centrale. Elle est conçue comme une équipe de mission, jeune et active sur le terrain. Elle est chargée à la fois de mener les négociations avec les élus et d'obliger les directions centrales à entrer dans des coopérations transversales. Pour la première fois, la logique sectorielle qui domine traditionnellement le fonctionnement de l'administration centrale est bousculée. Le pragmatisme donné pour règle à l'équipe vise à aboutir au plus vite à une série de signatures. Effectué au niveau du cabinet du ministre, le choix des collectivités locales partenaires privilégie des villes déjà engagées dans une politique culturelle volontariste (Bordeaux et Grenoble) ou qui acceptent de saisir l'opportunité d'une « charte ». Dijon, qui souhaite se doter d'un conservatoire national de région (CNR), appartient à cette seconde catégorie de villes qui voient dans la charte un moyen de financer quelques équipements culturels d'envergure. Les premières chartes signées — Grenoble (20 mai 1975), Bordeaux (23 mai 1975), Strasbourg (12 juin 1975), Dijon (9 juillet 1975), Angers (17 juillet 1975), Marseille (18 juillet 1975), Toulouse (30 juillet 1975) et Lyon (14 novembre 1975) — visent à conforter les équipements culturels de métropoles d'équilibre. A partir de 1976, les chartes sont moins coûteuses, plus diversifiées dans leur programme et mieux reliées aux politiques sectorielles du ministère. Si l'on excepte Reims et La Rochelle, elles seront signées avec des Cantons, des Départements, des Régions et des Syndicats mixtes de Parcs naturels régionaux.

L'innovation administrative réside non seulement dans l'impact financier de ces vingt-sept chartes sur les décisions des collectivités locales, mais aussi dans la prise en compte par l'administration centrale d'une politique de partenariat qui transcende les seules logiques sectorielles. Dès 1976, l'Etat met fin à cette procédure de contractualisation pour des raisons essentiellement financières. Le contexte budgétaire est rendu plus difficile par les ponctions opérées au profit du

Centre Georges Pompidou et l'Etat peine même à assumer les engagements des premières signatures. De surcroît, Françoise Giroud, qui succède à Michel Guy en août 1976, ne souhaite pas poursuivre une politique pas toujours bien vécue par les directions sectorielles du ministère. Cependant, l'innovation administrative ne sera pas oubliée : la procédure sera reprise au début des années 80 sous la forme de « conventions de développement culturel ».

Parallèlement, le Service des études et recherches (SER) continue de sensibiliser les municipalités aux vertus d'une politique culturelle planifiée. Les enquêtes sur le terrain local — la collaboration avec Grenoble, Annecy et Yerres perdure — conduisent à l'élaboration d'outils d'analyse et de guides au service des élus et des acteurs de la vie culturelle locale. La création, en mai 1979, d'une Mission de développement culturel (MDC), confirme la volonté de renforcer la coordination horizontale du ministère. La MDC est notamment chargée de gérer la politique des chartes culturelles, gestion extraite de la Direction de l'administration générale pour lui conférer une plus large autonomie. Pour autant, la faiblesse des moyens attribuée à cette mission — René Gachet, chef de la MDC de 1979 à 1981, évoque une « pauvreté chronique » — souligne les limites de la volonté politique.

Une meilleure territorialisation

L'une des faiblesses du ministère des Affaires culturelles réside, depuis sa création, dans sa faible territorialisation. Un ministère sans échelons déconcentrés est fortement handicapé pour mener une politique sur l'ensemble du territoire national. Seule l'administration des monuments historiques fonctionne, depuis la création des Conservations régionales des monuments historiques au cours des années cinquante, dans cette logique-là. Les Conservateurs régionaux des monuments historiques incarnent la toute-puissance de l'Etat et sont véritablement présents sur le terrain. En 1963, la création des Comités régionaux des affaires culturelles (CRAC) et de correspondants permanents (CP) traduisait un réel infléchissement. Mais, l'impact sur le terrain de ces premières mesures de déconcentration n'est pas toujours perceptible une décennie plus tard. Paradoxalement, les fonctionnaires d'Etat présents sur la scène locale sont issus des corps du patrimoine (musées et bibliothèques classés, monuments historiques et archives départementales), demeurent le plus souvent au cœur du fonctionnement des réseaux académiques (sociétés savantes) et privilégient, sauf exception, une approche culturelle assez éloignée des perspectives nouvelles qu'incarnent Malraux et le ministère des Affaires culturelles.

Malraux et son directeur de cabinet Antoine Bernard avaient souhaité créer l'irréversible avant leur départ qui devait suivre l'échec du général de Gaulle au référendum sur la régionalisation. En mai 1969, trois Directeurs régionaux des affaires culturelles, administrateurs et patrons de l'ensemble des services culturels dans la région, sont nommés. Cette décision — dernier acte administratif du ministère Malraux — n'est pas remis en cause par Edmond Michelet.

La continuité administrative permet le renforcement progressif de la territorialisation malgré la faiblesse d'un ministère, bientôt relégué au rang de secrétariat d'Etat. En 1973, le directeur régional devient ordonnateur secondaire. Les réticences des directions centrales, qui ne souhaitent pas donner trop de pouvoir à l'échelon déconcentré, demeurent cependant fortes. La phase expérimentale ne prend fin qu'en 1977 avec le décret de création des Directions régionales des Affaires culturelles (DRAC). Leur montée en puissance sera longue et ne se concrétisera que la décennie suivante.

L'Etat tutélaire, caractéristique de la période Malraux, s'estompe et laisse peu à peu la place, non sans résistance, à un Etat partenaire. Une longue décennie Lang parachèvera cette évolution fondamentale. A la veille de l'arrivée de la gauche au pouvoir, le partenariat entre l'Etat et les villes est une réalité encore incertaine. La fragilité de la politique culturelle de l'Etat — au plan politique comme au plan budgétaire — contraste avec la visibilité nouvelle des politiques culturelles municipales. Aussi, alors que le dégagement financier de l'Etat est manifeste, les villes amorcent une implication qui va bientôt les placer en situation d'acteur incontournable au sein des politiques culturelles publiques.

L'Etat culturel de la fin du septennat giscardien n'est que l'ombre du Leviathan dénoncé par certains. Avec Françoise Giroud, Michel d'Ornano et Jean-Philippe Lecat, on assiste à un démantèlement discret mais déterminé du « système » rêvé par Malraux. En 1981, le critique d'art Pierre Cabanne [48] dresse un sombre bilan du septennat qui s'achève : « Malraux avait fait de la culture le luxe d'un Etat fondé sur le prestige ; ce prestige s'est délité et le luxe s'est rétréci jusqu'au trompe-l'œil. »

QUATRIÈME PARTIE :

L'ÉTAT CULTUREL (1981-1995)

CHAPITRE I

LES RUPTURES DES ANNÉES LANG

« Les Français ont franchi la frontière qui sépare la nuit de la lumière » lance Jack Lang le 17 novembre 1981 à la tribune de l'Assemblée nationale dans le cadre du débat budgétaire. L'expression est certes excessive mais elle a le mérite de traduire, dans le discours, les ruptures produites par l'arrivée de la gauche au pouvoir. Elle fait écho au discours d'investiture prononcé par François Mitterrand le 21 mai 1981 : « En ce jour où je prends possession de la plus haute charge, je pense à ces millions et ces millions de femmes et d'hommes, ferment de notre peuple, qui, deux siècles durant, dans la paix et la guerre, par le travail et par le sang, ont façonné l'histoire de France sans y avoir accès autrement que par de brèves et glorieuses fractures de notre société [...] la majorité politique des Français démocratiquement exprimée vient de s'identifier à sa majorité sociale ».

Ce souhait de rupture vers le socialisme peut s'appuyer sur une majorité parlementaire confortable. Jack Lang traduit dans les domaines culturels cette volonté politique de peser sur le devenir de la société.

Le bond en avant du budget

La rupture est tout d'abord quantitative. Dès 1982, le budget de la Culture double et passe de trois à six milliards de francs, même si le rattachement de la Bibliothèque nationale gonfle artificiellement le budget par rapport à l'exercice précédent. A l'Assemblée nationale, Jack Lang signale ce choix décisif voulu par le président de la République : « saluons l'événement. On ne le reverra pas de sitôt. Jamais une administration n'avait connu en une année un tel bond en avant. C'est une nouvelle naissance. La mutation est plus brutale qu'à la création du ministère de la Culture en 1959 ».

Répartition du budget voté du ministère de la Culture, en millions de francs constants 1995

Années	Total	Dépenses ordinaires	Crédits de paiement	Autorisations de programme
1960	1 785	1 193	592	680
1970	3 165	2 146	1 019	1 197
1980	5 695	4 178	1 517	2 033
1985	11 633	7 794	3 839	5 048
1990	12 224	8 909	3 315	4 181
1995	13 556	9 130	4 426	3 739

Source : ministère de la Culture, DEP.

Le pourcentage du budget de la Culture par rapport au budget total de l'Etat — paramètre souvent utilisé malgré sa faiblesse initiale : il ne permet pas de lire l'évolution réelle du budget en francs — enregistre aussi cette croissance : sur un exercice budgétaire, il passe de 0,47 % à 0,76 %. De plus, l'effort est maintenu malgré une stabilisation liée au retour à la rigueur à partir de 1983. Jean-François Chougnet [50] note à juste titre que « la plus belle réussite de Jack Lang est peut-être celle du budget 1983, première année dans l'histoire du ministère de la Culture où le gouvernement n'accompagne pas une compression des dépenses publiques d'une compression plus que proportionnelle des dépenses culturelles de l'Etat ». Le 1 %, chiffre hautement symbolique et revendication politique depuis l'aube des années soixante-dix, est même voté dans le cadre du budget 1993 avant d'être ramené à 0,93 % à la suite de la loi de finance rectifiée de juin 1993.

Au total, en francs courants, le budget du ministère de la Culture passe de 6 milliards en 1982 à 13,7 milliards en 1993. Sur le long terme, cette rupture est capitale et permet au ministère de la Culture de passer à un autre niveau d'intervention. Dans le détail, deux paliers se singularisent : en premier lieu, le saut, déjà signalé, pour l'exercice 1982 ; puis, après un fléchissement lié au contexte politique de la première cohabitation, un deuxième saut traduit le retour des socialistes à la tête du gouvernement à partir de 1988.

L'effet Lang

A cette donnée quantitative peut être ajoutée une donnée plus qualitative. Jack Lang, fort dc l'appui constant du président de la République, incarne ce changement d'échelle.

Le ministre est arrivé à la politique par la culture. Le festival de Nancy est essentiel pour comprendre la philosophie de Jack Lang. Dans les années soixante, Nancy devient le haut lieu du théâtre mondial d'avant-garde. Etudiant en droit depuis 1957, Jack Lang crée en 1963, avec Edouard Guibert, un Festival international du Théâtre universitaire. Cette période a joué un rôle de laboratoire et ceci à plusieurs titres. En premier lieu, Jack Lang encourage la création, thème qui sera encore au centre de la thèse qu'il soutient en 1967 sur les relations entre l'Etat et le Théâtre. En second lieu, l'appel au mécénat privé dans un contexte marqué par l'héritage de l'Ecole de Nancy est rendu obligatoire par le faible soutien de la municipalité. Le caractère festif d'une rencontre qui occupe de multiples lieux et suscite la confrontation entre les arts doit être rappelé. Enfin, Jack Lang constitue un réseau de fidèles : Robert Abirached, Christian Dupavillon et surtout Monique Lang, l'épouse et meilleur serviteur du futur ministre. Comme François Mitterrand, Jack Lang fait primer l'amitié et la fidélité sur l'engagement partisan.

Au plan politique, le ministre occupe une place relativement marginale au sein du parti socialiste. Jack Lang n'est pas un militant socialiste de la première heure : c'est seulement en 1977 qu'il adhère. Jeune, il est mendésiste et s'engage dans la lutte contre la guerre d'Algérie. Il milite ensuite au PSA puis au PSU — il y rencontre Gilbert Estèbe, Jacques Sallois et Francis Beck — et s'éloigne de la scène politique après 1965. C'est François Mitterrand qui l'y ramène : démissionné de Chaillot en 1974 par Michel Guy, Jack Lang organise une cérémonie d'adieu au cours de laquelle il rencontre François Mitterrand. Les relations privilégiées entre les deux hommes expliquent l'entrée de Jack Lang dans la mouvance socialiste (candidat indépendant sur la liste PS en 1977 aux municipales de Paris) et son positionnement par fidélité mitterrandiste au sein du courant fabiusien. Après le Congrès socialiste de Metz (1979), Jack Lang devient délégué national à la Culture du parti.

En 1981, préféré au communiste Jack Ralite, il est nommé ministre de la Culture, poste qu'il conserve, avec en prime l'Education nationale dans le gouvernement Bérégovoy en 1992, sous tous les gouvernements socialistes des deux septennats de François Mitterrand. Sa relation privilégiée avec le président de la République perdure. En 1988, Jack Lang déclare : « je suis mitterrandolâtre ». Aussi le « fils de Dieu » de l'émission télévisée le « Bébête Show » peut-il participer, véritable baromètre de l'état du Palais, au rituel annuel de la Roche de Solutré aux côtés des membres du premier cercle mitterrandien.

Jack Lang est arrivé à s'identifier à la fonction : à la veille de la cohabitation annoncée de 1986, 51 % des Français souhaitent qu'il reste ministre de la Culture quel que soit le résultat des élections. Jouant le jeu d'une médiatisation recherchée, il parvient à se construire à partir du ministère de la Culture une image positive qui fera du député-maire de Blois un éphémère candidat à l'élection présidentielle au début de l'année 1995. Mais sa faible insertion au sein des réseaux du parti socialiste fait échouer une tentative pourtant encouragée par les sondages après le retrait de Jacques Delors.

Pour notre propos l'essentiel est ailleurs : en utilisant le ministère de la Culture au profit de sa propre ambition, Jack Lang est parvenu par là même à rendre davantage visible et populaire une action ministérielle jusque-là connue de quelques initiés du monde des arts et de la culture.

Le « tout culturel »

Qualitative également la volonté d'ouvrir la culture — le « tout culturel » dénoncé dès 1987 par Alain Finkielkraut — dont témoigne pour une part le décret du 10 mai 1982 qui définit les missions du ministère : « Le ministère de la Culture a pour mission : de permettre à tous les Français de cultiver leur capacité d'inventer et de créer, d'examiner librement leurs talents et de recevoir la formation artistique de leur choix ; de préserver le patrimoine culturel national, régional, ou des divers groupes sociaux pour le profit commun de la collectivité tout entière ; de favoriser la création des œuvres d'art et de l'esprit et de leur donner la plus vaste audience ; de contribuer au rayonnement de la culture et de l'art français dans le libre dialogue des cultures du monde ».

Ce texte s'inscrit certes dans la filiation « malruxienne » mais conduit à de très nets infléchissements : pour l'essentiel, la démocratisation culturelle s'efface résolument au profit du libre épanouissement individuel par la création dans le respect des cultures régionales et internationales, voire même sociales. Cette approche permet la reconnaissance controversée de pratiques culturelles jugées jadis comme mineures : le jazz, le rock, la bande dessinée, la mode, la gastronomie voire même le rap et le tag. Le dessinateur Plantu fera de François Mitterrand un adepte du « Hip-Hop ». La croyance dans la diversité des champs de la politique culturelle est complétée par l'égale importance accordée dans le discours aux différentes formes d'expression culturelle. En donnant l'*imprimatur* officiel à l'élargissement du champ culturel, il s'agit, pour une part, de mieux assurer la place de la culture dans la société contemporaine.

Si tous les analystes pointent l'importance de cette inflexion, leurs interprétations sont diverses, même si la plupart relève le déclin de la mission sociale jadis attribuée à la politique culturelle. Aussi, Jean Caune pointe-t-il avec conviction ce « sens perdu » de l'action culturelle [19]. Jacques Rigaud insiste davantage sur une politique poussée à son extrême et par là même révélant ses impasses [17]. Pour Philippe Urfalino, ce « vitalisme culturel » a contribué, avec l'augmentation budgétaire et l'importance nouvelle accordée aux registres économiques, à une véritable « dissolution » de la politique culturelle au sens où « un système de fins ne peut plus, de manière convaincante et opératoire, orienter et justifier l'ensemble de l'action du ministère de la Culture » [27]. David Looselay évoque une politique de « divertissement » pour qualifier la coloration dominante des années Lang [22]. Jean-Pierre Rioux place au centre de ses interrogations la question de l'intérêt public : « Peut-on en effet bâtir une politique qui prétende épouser aussi intimement les us et coutumes des Français en matière de création et de consommation des biens culturels, qui décentralise et émiette autant l'initiative, qui favorise sans effet de retour la joyeuse, et supposée si fructueuse, rencontre de la culture et de la société, sans affadir le rôle incitateur de l'Etat, sans dilapider le si grand et si vif crédit normatif dont il a hérité ? Du volontarisme de la démocratisation à la soumission impuissante aux lois d'un marché de la consommation culturelle, dont l'airain n'a pas l'intérêt public et le bien commun pour premier alliage, il n'y a qu'un pas, que la république est peut-être en train de franchir par mégarde » [75].

L'économie et la culture

A ces ruptures quantitatives et qualitatives, la pratique du ministère ajoute une nouvelle approche de son intervention en prenant conscience de l'importance des industries culturelles. Bien plus, la création culturelle est désormais considérée comme un facteur de développement économique. A ce titre, l'impératif culturel est aussi conçu comme une réponse à la crise économique. Dans le même temps, le souci de meilleure gestion et de rentabilité conduit le ministère à encourager fortement la modernisation de l'administration et la professionnalisation des acteurs de la vie culturelle. Cette synergie, pleinement revendiquée, entre les mondes de la culture et de l'économie constitue assurément l'une des lignes de force des années Lang, en rupture complète avec la culture politique du parti socialiste.

La culture est désormais considérée comme une véritable activité économique et l'aide aux entreprises culturelles est bien l'une des priorités des politiques menées après 1981. Les aides directes sont nombreuses et permettent de soutenir plus de deux cent trente entreprises culturelles. Le dispositif engagé est multiple mais la volonté politique clairement identifiée.

L'exclusion (contestée par quelques conseillers mais souhaitée par le ministre) des œuvres d'art de l'assiette de l'impôt sur les grandes fortunes, la baisse de 7 % à 2 % du droit d'enregistrement sur les ventes publiques en 1989, le développement et l'encouragement du mécénat culturel, la création de l'Institut pour le financement du cinéma et des industries culturelles (IFCIC) en 1983 ou encore la création, dès 1981, de l'Association pour la gestion des entreprises culturelles (AGEC) incarnent cette volonté. De même, de nombreuses mesures fiscales contribuent au soutien du marché de l'art. Le mécanisme de la dation en acquittement des droits de succession, étendu en 1982 au recouvrement de l'impôt sur la fortune, continue à accroître les collections des musées. Parallèlement, la fiscalité des ventes d'œuvres d'art vise à contrôler et à pénaliser la spéculation : la détention n'est pas taxée alors que la taxe sur les plus-values réalisées lors d'une vente est passée de 2 à 4 % en 1981.

L'Etat a initié des montages financiers complexes pour favoriser la création. Ainsi, par exemple, les sociétés de financement du cinéma et de l'audiovisuel (SOFICA), créées en 1985, permettent de drainer des capitaux. Enfin, la loi du 10 août 1981 sur le prix unique du livre, l'une des premières mesures prises par le ministère Lang, a contribué — encore que son efficacité réelle soit l'objet de débats — à préserver un réseau de librairies sur tout le territoire. En 1983, Jack Lang participe à l'*aggiornamento* socialiste en proclamant haut et fort « la culture, c'est les poètes plus l'électricité ».

Une administration renforcée

Désormais connu et apprécié du grand public — tous les sondages le montrent —, référence à l'étranger, le ministère de la Culture a donc réussi à imposer l'idée de sa propre importance. Il a de même fortement contribué à rendre légitime dans un cercle plus large qu'auparavant la politique culturelle de l'Etat. De plus, l'administration culturelle s'est incontestablement modernisée. Les effectifs ont augmenté tandis que la gestion des ressources humaines a été profondément rénovée : développement de la formation professionnelle, réorganisation de la gestion des personnels, regroupement statutaire autour de métiers. Aussi, la professionnalisation du monde culturel soutenue par l'Etat a également touché l'administration culturelle. Dans le même esprit, les Directions régionales des affaires culturelles, segments déconcentrés du ministère, sont aujourd'hui présentes sur tout le territoire. Leur rôle, les effectifs et les moyens financiers ont été considérablement accrus.

La gestion des établissements culturels est aussi affectée par cette logique économique. De nouvelles formules sont utilisées — groupement d'intérêt public culturel, société d'économie mixte, établissement public — pour concilier service public et préoccupations gestionnaires. Dans le même esprit, les établissements culturels développent de plus en plus des activités marchandes : boutiques et librairies se multiplient. La Réunion des musées nationaux, organisme public à vocation industrielle et commerciale, est ainsi en pleine croissance. Elle est devenue en quelques années un des principaux éditeurs dans le domaine de l'art.

La logique de l'audimat

Plus qu'auparavant, le ministère mène de très nombreuses actions pour rendre visible son action. Là encore, les pratiques utilisées proviennent directement du marketing. Aussi, la sensibilisation du public relève bien souvent d'une simple politique de communication. Mais, pour ce faire, la stratégie du ministère de la Culture, pendant la dernière décennie, a consisté à épouser au plus près l'air du temps : une mise en spectacle des idées et des œuvres, une utilisation du langage de la publicité dans le cadre d'une communication omniprésente, une primauté de tous les instants pour l'innovation mais aussi un penchant pour les rassemblements unanimistes à caractère festif. En somme, le ministère de la Culture a, comme le note Robert Abirached [99], décidé ainsi de camper dans tous les espaces de la sociabilité contemporaine.

Cette ligne de plus grande pente, version culturelle de l'audimat, ne sera guère remise en cause après 1993. Les effets d'annonce et la recherche des couvertures médiatiques jouent une place de plus en plus sensible dans la politique ministérielle. Le succès public des opérations de sensibilisation, de la « Fête de la musique » aux « Journées du patrimoine », est incontestable. Il reste que cette politique multiple, guidée par une mise en avant du médiatisable, a contribué à masquer les actions en profondeur et surtout a rendu difficilement identifiable ce qui rend légitime une politique culturelle publique. L'abandon de la démocratisation culturelle (la culture pour tous) au profit de la démocratie culturelle (la culture de tous et par tous), a sans doute fragilisé les fondements théoriques de la politique du ministère et permis la montée en puissance des critiques, de Marc Fumaroli à Michel Schneider.

La convergence avec les collectivités locales

La politique culturelle du ministère Lang n'est pas sans conséquences sur l'action des collectivités locales. La décentralisation et la déconcentration conjuguent leurs effets pour consacrer l'Etat dans son rôle de partenaire. Par ailleurs, dans le sillage des années soixante-dix, les collectivités locales se dotent de véritables politiques culturelles. Au total, c'est la rencontre du volontarisme de l'Etat et de celui des collectivités locales qui donne leur tonalité aux années quatre-vingt. Mais dès le début des années quatre-vingt-dix, le contexte socio-économique entraîne de profondes remises en cause.

Si les lois de décentralisation de 1982-1983 ne bouleversent pas la configuration juridique qui réglemente le champ des politiques culturelles municipales, la place désormais affirmée et légitimée des élus dans le paysage politique français permet un renforcement des politiques locales auquel le champ culturel n'échappe pas. En réalité, les deux seuls transferts consentis — les bibliothèques centrales de prêt et les archives départementales aux conseils généraux — traduisent bien la volonté de l'Etat de conserver le pilotage des politiques culturelles. Peu souhaités par le ministère de la Culture, qui peut ici s'appuyer sur des artistes et professionnels rarement enclins à reconnaître les bienfaits de la démocratie locale, les transferts de compétences sont donc réduits au minimum.

En fait, plus que la décentralisation, c'est l'accroissement substantiel du budget culturel de l'Etat qui joue sur la scène locale d'une part en permettant un renforcement des Directions régionales des affaires culturelles (DRAC) et d'autre part en faisant bénéficier les institutions et acteurs culturels de la manne financière de l'Etat. La tendance à la déconcentration s'affirme au début des années quatre-vingt-dix. La loi du

6 février 1992 sur l'administration territoriale de la République et le décret du 1er juillet 1992 portant charte de la déconcentration conduisent à une véritable révolution administrative. Le ministère de la Culture, dont la pratique est traditionnellement centralisée et sectorielle, se voit dans l'obligation de donner la priorité à ses services déconcentrés tout en redéfinissant les missions de ses services centraux.

Au plan des structures, les années Lang ont permis une formalisation des DRAC. Celles-ci conduisent en région la politique de l'Etat et jouent un rôle d'expertise reconnu auprès des collectivités locales, notamment les Régions. Au plan financier, les crédits déconcentrés occupent une place de plus en plus sensible au sein du budget du ministère de la Culture. Là aussi, les années quatre-vingt-dix enregistrent une mutation sensible. De plus, l'émergence des politiques culturelles régionales et la relance de la politique contractuelle par l'Etat ont généralisé les financements croisés et rendu plus complexe la gestion du paysage culturel local. De fait, l'essentiel de la décentralisation culturelle se matérialise sous la forme d'un partenariat entre l'Etat et les collectivités locales : les contrats de plans Etat-régions et les Conventions de développement culturel sont les outils de ce dialogue. Cette politique des conventions de développement culturel connaît un franc succès : près d'un milliard de francs pour 1200 conventions sont de la sorte engagés de 1982 à 1991. Conçue comme un outil d'aménagement du territoire et de stimulation des collectivités territoriales, elle a surtout concerné des villes de petite taille et un nombre important de départements : 500 communes, environ 80 départements, 50 syndicats de communes et une dizaine de régions. Cette procédure mobilise les ressources de l'Etat et surtout celles des collectivités locales. L'apport de l'Etat entraîne un engagement remarquable des collectivités locales.

Le jeu du catalogue

Les politiques culturelles municipales apparaissent dès lors comme reposant sur des actions multiples. Pour Erhard Friedberg et Philippe Urfalino [84], ces politiques s'apparentent souvent à un « jeu du catalogue » fondé sur le caractère inflationniste du soutien à l'offre culturelle et ressemblent à un véritable mécénat public. La création redoublée de festivals dans les années quatre-vingt s'inscrit dans cette logique. De plus, la politique culturelle participe en bonne place aux politiques de communication des villes qui se développent alors. La multiplication des logotypes traduit parfaitement cette nouvelle situation.

L'exemple de Montpellier peut être considéré comme le plus significatif de la décennie. Pour faire de sa ville une véritable métropole européenne, Georges Frêche, maire socialiste élu en 1977, décide d'importer acteurs et structures culturels qui font défaut à la cité : le Centre chorégraphique de Dominique Bagouët, le CDN confié à Jérome Savary, la création d'un festival de la danse et d'un festival de musique classique en relation avec Radio-France.

D'une manière générale, l'impact économique supposé et le prestige culturel octroyé ainsi à la ville sont désormais clairement revendiqués par des élus qui se font décideurs dans un contexte de valorisation du développement local. Cette mutation touche la plupart des villes quelle que soit leur couleur politique.

La décennie voit les villes se doter, souvent avec l'aide de l'Etat et des autres collectivités territoriales, d'équipements culturels prestigieux. Rénovations ou constructions de musées, médiathèques, théâtres et auditoriums permettent de la sorte aux villes de renouer avec des projets architecturaux prestigieux souvent partie prenante d'opérations d'urbanisme. Les exemples sont très nombreux : l'Opéra de Lyon, le

Carré d'Art à Nîmes, le Musée d'art moderne et d'art contemporain à Nice, la médiathèque de Bordeaux, l'auditorium de Metz, etc. Si on excepte les quelques maisons de la culture construites dans les années soixante, cet effort d'équipement culturel des villes, associé le plus souvent à une modernisation remarquable, n'a pas d'équivalent depuis le Second Empire. L'exemple des bibliothèques urbaines, étudiées par Anne-Marie Bertrand [113], montre que l'incitation de l'Etat rencontre le volontarisme municipal alors même que les professionnels du secteur acceptent les nouvelles règles du jeu territorial.

Les indicateurs budgétaires permettent de mesurer ce volontarisme municipal. Les villes n'ont pas cessé de renforcer leur emprise sur la structure relative des dépenses culturelles publiques malgré l'accroissement sensible des dépenses de l'Etat : 42,2 % des dépenses publiques en 1978, 49,8 % en 1984 et 52,5 % en 1987. Que l'on considère les dépenses culturelles en % du budget total (6,9 % à 9,4 %) ou en francs 1987 par habitant (343 à 633 F), la croissance des dépenses culturelles des villes de plus de 10 000 habitants entre 1978 et 1987 est considérable. Si en 1987 les villes de plus de 150 000 habitants accordent en moyenne 11,4 % de leur budget total à la culture, certaines d'entre elles atteignent des taux fort élevés : Strasbourg (18,5 %), Lyon (17 %), Grenoble (15,6 %), Nice (14,5 %) et Bordeaux (12,3 %).

De l'inflation à la crise

Mais dès la fin des années quatre-vingt, le poids de plus en plus sensible de la crise économique, les difficultés financières qui marquent les budgets des villes ne sont pas sans susciter une certaine remise en cause du volontarisme municipal dans les domaines culturels. Si de 1987 à 1990 l'ensemble des crédits consacrés à la culture par les villes de plus de 10000 habitants a augmenté de 11,4 % en francs constants, la progression des dépenses culturelles de fonctionnement continue à ralentir : le taux d'augmentation triennale est de 6,7 % entre 1987 et 1990 contre respectivement 13 % et 35 % entre 1984-1987 et 1981-1984. D'une manière générale, et au-delà d'un net ralentissement économique, les villes sont dès lors confrontées aux conséquences de l'envolée des dépenses d'équipement des années quatre-vingt. Le tassement des bases fiscales et la moindre croissance des aides de l'Etat entraînent à partir de 1991 une conjoncture difficile pour les municipalités. Les politiques culturelles sont fortement touchées par ce nouveau contexte socio-économique.

Les dépenses culturelles des pouvoirs publics, en milliards de francs 1993

	1984	1987	1990	1993
Ministère de la Culture	10,67	10,4	11,31	14,5
Collectivités locales	24,33	29,08	31,98	36,9
Communes	21,35	24,92	26,34	30
Départements	2,28	3,2	4,39	5,4
Régions	0,70	0,95	1,25	1,5
Ensemble	35	39,48	43,29	51,4

Source : ministère de la Culture, DEP.

L'évolution de la structure des dépenses culturelles publiques témoigne de l'effritement de la part relative du ministère de la Culture. Certes, d'autres ministères contribuent aux dépenses culturelles de l'Etat pour une somme supérieure au ministère de la Culture (20,1 milliards en 1993). En 1993, un équilibre s'instaure entre les collectivités locales (36,9 milliards de francs et 50,3 % du financement public) et l'Etat (36,4 milliards et 49,7 %).

Le poids des grandes villes

Les collectivités locales ont conforté leur position, en premier lieu les municipalités même si la montée en puissance des départements et surtout des régions traduit l'émergence de nouveaux acteurs dans l'espace local. Les villes de plus de 10 000 habitants ont la capacité de développer des politiques culturelles diversifiées. Les grandes métropoles (plus de 350 000 habitants) sc distinguent par l'importance accordée à la production artistique : spectacle vivant, art contemporain, expositions et festivals caractérisent une offre d'excellence susceptible de rivaliser avec les grandes métropoles européennes. Toulouse, Lyon, Strasbourg, Nice, Nantes, Bordeaux, Marseille et Grenoble présentent cette configuration. La plupart des grandes villes (environ 130 000 habitants) accordent une place essentielle à la conservation-diffusion du patrimoine sans pour autant négliger la production artistique. Nancy, Montpellier et Dijon incarnent notamment cette posture. D'autres grandes villes comme Rouen, Angers ou Clermont-Ferrand privilégient la formation. Quelques collectivités locales, notamment dans les régions frontalières, développent depuis les années 80 des relations culturelles internationales. Ces actions, soutenues par l'AFAA et l'Union européenne, restent le plus souvent modestes et peu institutionnalisées.

La modestie parisienne

La politique culturelle de la ville de Paris se singularise très nettement : liées à celles des autres administrations publiques exerçant une tutelle sur des établissements d'intérêt national, les dépenses culturelles de Paris sont à la fois très fortes en chiffres absolus (1,9 milliard de francs en 1993) et très faibles en chiffre relatif (seulement 6,7 % du budget total). Peu présent dans le domaine du spectacle vivant déjà soutenu par l'Etat et le privé, Paris accorde une grande place à la conservation du patrimoine et à la gestion d'équipements et d'activités de proximité.

Les départements accordent la primauté à la conservation-diffusion du patrimoine alors que les régions font de la production artistique l'axe majeur de leur politique culturelle. Collectivités territoriales jeunes, les régions formalisent progressivement une politique culturelle toujours centrée sur les spectacles vivants. Les régions Rhône-Alpes et Nord-Pas-de-Calais ont su s'affirmer dans ce contexte. Plusieurs régions ont également impulsé des échanges culturels avec d'autres régions européennes.

L'heure est à la coopération entre ces différents niveaux de l'action publique, à la généralisation des financements croisés, alors même que la décentralisation, la professionnalisation des acteurs et une internationalisation croissante des politiques urbaines conduisent à de nouveaux positionnements. Dans ce jeu complexe, ce sont surtout les grandes villes qui ont tiré parti de cette nouvelle cohérence.

Après plus de trente ans de montée en puissance continue, les politiques culturelles des collectivités locales marquent profondément la scène culturelle locale. Bien qu'étroitement liées aux normes et aux financements étatiques, ces politiques doivent beaucoup au volontarisme propre des municipalités, départements et régions. Dès lors, le simple fléchissement de ce volontarisme des collectivités locales en temps de crise économique dans un contexte de retrait de l'Etat suffit à rompre un équilibre toujours fragile.

CHAPITRE II

LES GRANDS TRAVAUX

Longtemps considéré comme un ministère de second plan, peu porteur dans la carrière d'un homme politique, obligé de lutter pour imposer sa capacité financière, le ministère de la Culture est parvenu sous Jack Lang à conforter son ancrage au sein des structures gouvernementales. Désormais doté d'un budget convenable, il a renforcé et rationalisé son organisation.

De plus, il est devenu pour les autres administrations de l'Etat un interlocuteur d'autant plus crédible qu'il n'a jamais cessé de bénéficier d'un soutien sans faille de la part du président de la République. Comme le souligne Pascal Ory [8], la spécificité de la décennie Mitterrand est bien là : la volonté présidentielle de ne pas sacrifier la politique culturelle en période de crise économique aggravée. De plus, François Mitterrand, par la politique dite des Grands Travaux, marque, non sans débats et polémiques, de son empreinte le paysage culturel.

Une forte présence présidentielle

Le président de la République François Mitterrand, qui aime à se présenter comme un homme de culture, est très actif dans la gestion de la politique culturelle. Dénoncée avec verve par Marc Fumaroli (*L'Etat culturel*, 1991) et Jean-François Revel (*L'Absolutisme inef-*

ficace ou Contre le présidentialisme à la française, 1992), la place occupée par la culture dans les domaines réservés du président de la République fait que Jack Lang ne peut guère prendre de décisions sans l'aval de l'Elysée. Les nombreuses notes, utilisées par Claude Mollard [69], que rédige Jack Lang à l'attention de François Mitterrand témoignent d'une relation suivie sur de très nombreux dossiers même si le Président est davantage sensible à certains domaines : les Grands Travaux en premier lieu, le budget de la culture, les musées, les commandes publiques et les institutions prestigieuses.

Bien plus, le ministre de la Culture doit couvrir à plusieurs reprises des initiatives propres du président de la République : la nomination de Jérôme Savary à Chaillot ou encore celle de Dominique Jamet à la tête de l'établissement public de la Très Grande Bibliothèque. Logique présidentielle aussi de l'effet d'annonce et de la prise de décision unilatérale : le 14 juillet 1988, François Mitterrand semble créer une certaine surprise dans les couloirs du ministère lorsqu'il déclare « oui, j'ai de grands projets, je vais vous en citer un. Je veux que soient entrepris la construction et l'aménagement de l'une ou de la plus grande et de la plus moderne bibliothèque du monde ».

La place des Grands Travaux

Cette politique des Grands Travaux frappe par la personnalisation de la prise de décision, par l'engagement volontariste nécessaire à une réalisation qui puisse s'inscrire au sein du calendrier politique et aussi par un engagement financier conséquent. Cette triple caractéristique alimente débats et polémiques. Par-delà l'initiative initiale, le président de la République suit de près l'avancée des projets. La gestion du temps sera toujours une priorité au détriment quelquefois du contenu technique des programmes. L'Opéra Bastille puis, plus tard, la Bibliothèque nationale de France, souffriront de cette logique.

Pourtant le label Grands Travaux — qui s'est imposé par l'usage —, s'il permet de définir une dynamique politique et un mode d'action, masque en réalité des projets de nature et d'origine diverses. Au moment de la préparation du communiqué de la Présidence de la République du 8 mars 1982 annonçant les « grandes opérations d'architecture et d'urbanisme », François Mitterrand confie à Jack Lang : « Je ne considère comme mes propres grands travaux que le Louvre et la Tête Défense, le reste, ce sont des idées de Giscard ou les vôtres ». Pour Orsay et La Villette, la continuité prime alors que pour l'Institut du Monde Arabe, le projet giscardien est profondément amendé. En revanche, l'initiative présidentielle est capitale pour la concrétisation du Grand Louvre et de la Bibliothèque nationale de France. Ces deux projets marquent les deux septennats successifs de François Mitterrand. Pour les autres projets, la marge de manœuvre de Jack Lang est de fait plus grande.

Les structures mises en place — « groupe des quatre » (Paul Guimard, Roger Quillot, Jack Lang et Robert Lion) dès 1981 puis la mission interministérielle des Grands Travaux — et la création d'établissements publics particuliers pour assurer la maîtrise d'ouvrage de chacun des projets se fondent sur la nécessité de mettre en place des financements exceptionnels et des modes de planification particuliers. Après 1988, Emile Biasini est élevé au rang de secrétaire d'Etat auprès du ministre de la Culture, chargé des Grands Travaux. Le ministère de la Culture est fort souvent court-circuité et les relations sont directes entre François Mitterrand et Emile Biasini. François Mitterrand défend avec conviction des projets que les ministres des Finances — Jacques Delors, Pierre Bérégovoy puis Michel Sapin — souhaitent réduire. « L'administration des Finances ne supportait pas cette idée des Grands Travaux » écrira François Mitterrand.

Le coût des Grands Travaux

Etablissement culturel	Architecte(s)	Coût milliards de francs	Date
Musée d'Orsay	Gae Aulenti	1,3	1986
Parc de La Villette	Bernard Tshumi	1,3	1986
Musée des Sciences	Adrien Fainsilber	5,4	1986
Institut du monde arabe	Jean Nouvel	0,424	1987
Opéra Bastille	Carlos Ott	2,8	1989
Arche de La Défense	Paul Andreu, Otto von Spreckelsen	3,715	1989
Ministère des Finances	Paul Chemetov, Borja Huidobro	3,7	1989
Cité de la Musique	Christian de Portzamparc	1,1	1994
Muséum	Paul Chemetov, Borja Huidobro	1	1994
Grand Louvre	Ieoh Peï	5,7	1995
Bibliothèque de France	Dominique Perrault	7,8	1995
Total		34,239	

Source : F. Benhamou, *L'Économie de la culture*, Paris, La Découverte, 1996, p. 60.

Le coût de ces initiatives est dénoncé par les adversaires des Grands Travaux : *Le Canard enchaîné* utilise la métaphore pharaonique et stigmatise les décisions de « Tontonkamon ». Ces projets ont finalement coûté sur plus de dix ans quelque 34 milliards de francs. Plus que l'investissement initial, c'est surtout le budget nécessaire au fonctionnement qui se révélera problématique quelques années plus tard.

Les Grands Travaux en province

Le communiqué de mars 1982 avait demandé au ministre de la Culture une liste d'opérations régionales susceptibles d'accompagner les projets parisiens. A cette date sont déjà considérés comme retenus l'École nationale supérieure de Danse de Marseille, le Conservatoire de Musique de Lyon, le Musée national de la Bande dessinée d'Angoulême, l'École nationale de la Photographie d'Arles et le Centre national d'art contemporain de Grenoble. La liste s'allonge progressivement et plus d'une trentaine de « Grands Projets en Province », financés par le ministère de la Culture et les collectivités locales, verront le jour. La technique des financements croisés voit l'Etat intervenir à hauteur de 1,7 milliard de francs au total. La somme est incitative et alimente l'émulation des collectivités locales qui sauront saisir l'opportunité financière. Cette somme reste toutefois très inférieure à celle mobilisée pour les Grands Travaux parisiens.

Plusieurs opérations reposent sur le financement exclusif de l'Etat. Tel est le cas pour le Centre archéologique européen du Mont-Beuvray, du Marais poitevin et de la Maison des enfants d'Izieu. De même, le Centre culturel Jean-Marie-Tjibaou repose sur une décision politique de l'Etat qui se traduit par un effort budgétaire considérable de 320 millions de francs. Prise en compte lors des accords Matignon (1988), cette décision est ratifiée lors du vote de la loi référendaire sur l'avenir de la Nouvelle-Calédonie.

Le déséquilibre Paris-Province

Malgré ces quelques grands projets lancés en région — ces « confettis de la République » (François Chaslin [144]) —, les Grands Travaux renforcent la prééminence culturelle de la capitale. Alors qu'en 1981, Paris consommait 44,3 % du budget du ministère de la Culture, l'Ile-de-France 15,5 % et la Province 40,2 %, les Grands Travaux ont encore renforcé ce déséquilibre : en 1995, Paris représente 56 % (47 % hors

Grands Travaux) du budget. Les politiques de décentralisation culturelle et d'aménagement du territoire n'ont pas suffi à inverser la tendance.

Ces réalisations ont conforté le rôle de Paris comme centre culturel international et répondent à une volonté politique ferme qui dépasse le seul fait du prince. « Les Grands Travaux constituent des opérations exceptionnelles d'envergure nationale et internationale par leur qualité architecturale, les novations technologiques dont ils sont porteurs ainsi que l'importance du projet culturel que chacun d'eux implique », souligne dans son bilan 1981-1991 le ministère de la Culture. Portés par une dynamique qui répond à des impératifs politiques et électoraux — la plupart des édifices se devaient d'être inaugurés avant la fin du premier septennat —, les Grands Travaux ont pu faire l'objet d'échanges fructueux entre l'Etat et la Ville de Paris. Par-delà les oppositions partisanes, l'agence d'urbanisme de la Ville de Paris joua un rôle déterminant de médiateur. « L'auto-contrôle des deux adversaires politiques/partenaires aménageurs permit de maintenir une coopération réelle en coulisse tandis que les anathèmes et les polémiques tenaient le devant de la scène politique » (Philippe Urfalino [150]).

De surcroît, les Grands Travaux ont renforcé la place culturelle et touristique de la capitale française. A ce titre, ils ont contribué à parfaire la dimension culturelle du développement urbain de Paris, paramètre non négligeable de la compétition urbaine internationale. Aussi, les Grands Travaux contribuent, aux côtés de bien d'autres paramètres socio-économiques, à conforter la position hégémonique de Paris dans le système culturel français. A ce titre, Pierre-Michel Menger évoque le « paradoxe d'une décentralisation recentralisatrice orchestrée par l'Etat-providence depuis la capitale » qui remet en cause non seulement l'affirmation décentralisatrice mais aussi la démocratisation :

« l'offre dans les secteurs culturels les plus dépendants des crédits publics (concerts classiques, spectacles de théâtre, de danse et d'opéra, expositions artistiques et musées) atteint à Paris un niveau qualitatif et quantitatif très supérieur à l'offre dans les métropoles régionales, et que [...] la demande pour cette offre vient très majoritairement des catégories sociales les plus instruites et les plus cultivées, qui sont surreprésentées à Paris » [67].

Le succès du Grand Louvre

Le Grand Louvre, reconnu ensuite comme exemplaire, est à l'origine d'un vif débat. Le projet de l'architecte américain Peï suscite une large polémique à laquelle participent les prises de position de l'ancien ministre Michel Guy ainsi que l'ouvrage *Paris mystifié* publié en 1985 par Bruno Foucart, Antoine Schnapper et Sébastien Loste. Dès 1984, le soutien des conservateurs du Louvre s'avère cependant décisif. L'accord du maire de Paris Jacques Chirac et le soutien constant de François Mitterrand permettent à l'équipe impulsée par Emile Biasini de mener le projet à son terme. Le départ du ministère des Finances — ralenti lors de la première cohabitation puis réinstallé avec magnificence à Bercy — libère des espaces précieux. Le succès public fait vite oublier une polémique qui s'était cristallisée sur l'insertion de la pyramide au sein du Palais du Louvre.

Les phases de rénovation du Grand Louvre, mises en place sur dix ans, modifient le volume de la fréquentation, la composition et les pratiques des visiteurs. L'ouverture de la pyramide permet un doublement des visiteurs qui passent de 2,7 millions à 5,1 millions. Ce doublement sera durable. L'ouverture, en 1993, de l'aile Richelieu, puis l'ouverture de nouvelles salles, en 1997, entraînent de nouveaux sauts quantitatifs, plus temporaires cependant. Les touristes étrangers représentent 60 à 65 % des visiteurs alors même que les Français s'approprient le musée national.

Les Français et le Louvre

Sont venus pour l'ouverture de la pyramide 26 % des franciliens, 4 % des provinciaux
Sont venus pour l'ouverture de l'aile Richelieu 21 % des franciliens, 5 % des provinciaux
Sont venus pour l'ouverture des Antiquités égyptiennes 16 % des franciliens, 2 % des provinciaux
Ont visité le Louvre il y a moins de 10 ans 2/3 des visiteurs nationaux, 3/4 des visiteurs franciliens
Ont visité le Louvre il y a moins de 5 ans 1/2 des visiteurs nationaux
Ont visité de Louvre au cours de l'année écoulée 32 % des visiteurs parisiens, 3 % des visiteurs provinciaux

Source : *Les Visiteurs du Louvre*, Musée du Louvre, 1999.

L'enjeu de la BNF

Lors du second septennat de François Mitterrand, la Très Grande Bibliothèque (TGB) cristallise les passions. La polémique, moins portée par des logiques partisanes à l'œuvre pour le Grand Louvre, est prise en charge par la communauté scientifique. De longs débats opposent l'équipe de direction, l'architecte Dominique Perrault et les futurs utilisateurs sur la forme du bâtiment et ses missions. Les chercheurs structurés en groupe de pression — la revue *Le Débat* joue un rôle moteur — obtiennent de réelles inflexions par rapport au projet initial. Ce débat donne lieu à une recomposition du paysage intellectuel qui se traduit, sur les questions culturelles, par une communauté de vue entre les revues *Commentaire* et *Le Débat*. « L'histoire de la Bibliothèque de France montre l'emprise que peut avoir un groupe de pression sur une politique publique, fût-elle impulsée par le Chef de l'Etat » (Thomas Helie [147]). En filigrane se trouvent avancées deux conceptions différentes — jugées contradictoires par nombre d'observateurs — de la future bibliothèque : une bibliothèque largement ouverte au public conçue comme une « grande surface d'échanges culturels » (Christian Ruby [149]) et une nouvelle bibliothèque nationale centrée sur des missions patrimoniales, principalement destinée aux chercheurs. Ce double objectif, souligné dans le décret du 3 janvier 1994 qui fixe les missions de la BNF, se révélera d'une lourde complexité dans la gestion quotidienne de l'établissement.

Lors de l'inauguration du bâtiment en 1995, Pierre Nora insiste sur les conséquences à long terme des choix souvent opérés dans l'urgence : « La Bibliothèque portera toujours le poids de son histoire et des conditions insensées de sa gestation. [...] Le projet, en un mot, s'il a été réalisé tambour battant, à la différence de la British Library, a été mené avec un mélange de légèreté dans les décisions de fond, de courtisanerie dans l'exécution et de mépris pour les avertissements les mieux motivés dont il serait étonnant que les résultats ne portent pas la marque. [...] Cette bibliothèque-là n'est pas comme les autres. Son fonctionnement engage le cœur de la culture nationale. Il n'y va pas que de la conservation du patrimoine ; il y va autant de sa réactualisation, de la transmutation d'un savoir mort en savoir vivant. Le sort de la future bibliothèque va conditionner la production en France de l'histoire, de la critique littéraire, des humanités, de la culture, de tout ce qui juge le niveau intellectuel du pays ».

En 1996, à la suite du décès de l'ancien président de

la République, la bibliothèque est dénommée « Bibliothèque nationale de France François Mitterrand ».

Les Grands Travaux ont, par-delà les polémiques, permis une mise à niveau des équipements culturels parisiens. Ils ont également offert à une génération d'architectes français les moyens de s'exprimer. L'impulsion, puis le suivi des projets, par le président de la République sont des facteurs essentiels à la concrétisation rapide des Grands Travaux.

CHAPITRE III

L'EMBELLIE DES POLITIQUES SECTORIELLES

Un double ministère

L'essor du budget du ministère de la Culture permet l'épanouissement et l'affirmation des politiques sectorielles. Si l'on excepte l'éphémère direction du Développement culturel, confiée à Dominique Wallon de 1982 à 1986, chargée de piloter la décentralisation culturelle et de réformer les établissements culturels en privilégiant une logique transversale, chaque direction verticale du ministère conforte sa propre politique culturelle au cours de la période considérée.

Cette configuration administrative n'est pas seulement conjoncturelle. Elle relève surtout d'une logique de « directions de clientèle ». Elle permet la régulation du financement de chaque secteur et sa défense lors des arbitrages budgétaires. En d'autres termes, cette organisation du ministère peut se lire comme une réponse particulièrement adaptée aux pratiques de *lobbying*. La structure des Directions régionales des Affaires culturelles ne fait que reproduire la structure de l'administration centrale. Aussi chaque conseiller représente une direction du ministère.

Deux grandes logiques structurent les interventions du ministère : contrer les excès du marché et soutenir la création. A l'aube des années quatre-vingt-dix, le ministère présente une double face : d'une part, un ministère des artistes, des institutions et des professions artistiques et, d'autre part, un ministère des industries culturelles. Le doublement du budget suscite une croissance générale des ressources même si la création est relativement plus favorisée que le patrimoine.

Le patrimoine : une continuité non démentie

La politique patrimoniale du ministère Lang a souvent été jugée modeste. L'évaluation est somme toute sévère même si le ministre n'a sans doute pas considéré ce secteur comme prioritaire dans son discours. Après 1988, Jack Lang s'investit davantage dans ce domaine et nomme à la direction du patrimoine un de ses fidèles, Christian Dupavillon. C'est oublier que deux des Grands Travaux présidentiels concernent, et avec une grande ampleur, le domaine du patrimoine : le Grand Louvre et la Bibliothèque nationale de France. De surcroît, l'ensemble des secteurs patrimoniaux bénéficie de l'embellie financière générale. Par ailleurs, les corps professionnels qui gèrent le patrimoine ont assuré avec continuité une qualité de service remarquable. Jean Favier aux Archives nationales ; Hubert Landais et Jacques Sallois à la Direction des Musées de France incarnent cette continuité. Malgré tout, les Archives nationales demeurent quelque peu à l'écart de l'embellie générale alors que la Direction des Musées de France bénéficie à plein de la rénovation des équipements culturels sur tout le territoire. Une nouvelle muséographie se généralise au risque de déboucher sur un paysage muséal de plus en plus homogène. La redécouverte des musées concerne deux aspects : « en tant que monuments, les musées sont l'occasion de conjuguer modernité architecturale et respect de la tradition ; par ailleurs, ils sont devenus des “médias de l'identité” » (Jean-François Chougnet [79]). La fonction identitaire est particulièrement perceptible pour les musées de société qui se sont particulièrement développés au cours des années 80. De plus, la création, en 1990, du corps des conservateurs du patrimoine permet une plus grande mobilité des personnels et revalorise très fortement la carrière des conservateurs qui se trouve désormais alignée sur celle des universitaires et des administrateurs civils.

Le ministère de la Culture a souhaité rompre avec une certaine image du patrimoine en l'ouvrant vers d'autres horizons. La reconnaissance de l'architecture du vingtième siècle et du patrimoine industriel — de l'usine à la cité ouvrière — participe de cette logique-là. Ces « champs nouveaux du patrimoine » sont confortés par les recherches des ethnologues et des archéologues. D'une manière générale, la direction du patrimoine multiplie les recherches en partenariat avec les grands établissements scientifiques, les universités et le CNRS.

Parallèlement, certains classements répondent aussi à des gestes forts susceptibles de marquer l'opinion publique, tel est le cas de l'Olympia à Paris. De plus, la pratique qui consiste à associer création contemporaine et patrimoine est amplifiée. En 1985-1986, l'installation des « Deux Plateaux » de Buren au Palais-Royal suscite une large polémique où s'entrecroisent mobilisations politique, juridique et associative. Cette affaire, dite des « colonnes de Buren », devient bien vite emblématique. Sans pour autant ignorer leur mission de conservation, musées, bibliothèques et archives se sont davantage ouverts au public. Dans le même esprit, l'effort en direction des publics scolaires s'est renforcé et les services éducatifs se sont généralisés.

Les campagnes de classement et d'entretien des monuments historiques se sont poursuivies. La déconcentration de la procédure en région, confiée aux

Commissions régionales du patrimoine historique, archéologique et ethnologique (COREPHAE), est un succès qui a permis notamment une meilleure prise en charge du patrimoine de proximité. Le parc des monuments historiques s'est accru de 21 % entre 1980 et 1990. De même, les fouilles de sauvetage voient leur nombre augmenter : 511 en 1980, 809 en 1986, 687 en 1990.

Les 33 musées classés et le millier de musées contrôlés ont bénéficié de crédits d'acquisition par l'intermédiaire d'une formule contractuelle qui réunit l'Etat et les régions dans le cadre des Fonds régionaux d'acquisition pour les musées (FRAM). Une formule voisine fonctionne aussi dans le domaine des bibliothèques (FRAB). De même, sur la période 1982-1990, les crédits d'acquisition d'œuvres pour les 33 musées nationaux ont fortement progressé : 27 millions en 1982, 91 en 1985 et 116 en 1990.

Les logiques marchandes et économiques, déjà signalées, touchent aussi le secteur patrimonial. La Caisse nationale des monuments historiques et des sites se réforme dans ce sens-là. De plus, le secteur patrimonial est aujourd'hui considéré, à Paris comme en région, comme un atout exceptionnel qui bénéficie à un tourisme culturel en expansion.

Favoriser la création

L'augmentation du budget du ministère a profondément marqué le paysage théâtral national en accélérant le processus de professionnalisation. Le nombre de compagnies subventionnées connaît une forte croissance de même que le montant des aides. Là aussi, le rôle fortement incitateur de l'Etat a été redoublé par l'engagement croissant des collectivités locales dans le cadre de financements croisés.

Le réseau des Centres dramatiques nationaux se densifie : 5 CDN sont créés entre 1982 et 1989, le nombre de 25 est atteint. Plusieurs CDN sont élevés au rang de Théâtre national de région : Villeurbanne (Planchon), Marseille (Maréchal) et Tourcoing-Lille (Bourdet) dès 1982. Dans les villes moyennes, des Centres dramatiques régionaux, structures plus légères, sont progressivement implantés : 12 fonctionnent en 1991.

Les cinq théâtres nationaux (Comédie-Française, Chaillot, Colline, Odéon, et TNS de Strasbourg) bénéficient aussi d'une hausse sensible de leur subvention qui passe de 108,7 millions de francs en 1980 à 276 millions en 1990. A la Comédie-Française, la nomination en 1983 de Jean-Pierre Vincent bouscule, sans pourtant les révolutionner, les habitudes de la vieille dame. Le Théâtre de l'Europe bientôt installé à l'Odéon, créé en juillet 1982, est confié à Giorgio Strehler, puis à Lluis Pascal, avec pour mission de créer et d'accueillir des spectacles en langues étrangères et des auteurs étrangers en traduction française.

D'une manière générale, le domaine du théâtre et des spectacles vivants reste fortement attaché à l'intervention de l'Etat perçu comme un gage de liberté. Les 57 établissements culturels (maisons de la culture, CAC, CDC), regroupés sous le label « Scènes nationales » depuis 1990, défendent avec continuité cette configuration. Ce réseau d'établissements chargés de soutenir les arts de la scène en diffusion et en production relève bien d'une logique d'excellence, reconnu et soutenu financièrement par l'Etat à hauteur d'un tiers de l'apport des collectivités locales.

Les directeurs successifs de la rue Saint-Dominique Robert Abirached, Bernard Dort et Bernard Faivre d'Arcier, personnalités reconnues par le monde du théâtre, inscrivent leur action dans la continuité. Au total, les années Lang ont conforté un système qui combine les succès esthétique et critique du créateur et la nécessaire reconnaissance de l'Etat pour obtenir une implantation et des moyens.

Dans le domaine de la musique, l'effort ministériel est important. Il contribue à renforcer l'offre culturelle et à reconnaître la diversité des pratiques musicales. Dans ce secteur, Maurice Fleuret, premier directeur de la Musique des années Lang, engage une reconnaissance du rock, de la variété et du jazz. Symboliquement, François Mitterrand se rend au Printemps de Bourges en 1987. Décloisonner les pratiques musicales est l'un des objectifs assignés à la « Fête de la musique » lancée en 1982. A partir de 1984, le ministère encourage également la création de salles de concert de 3000 à 7000 places. La localisation de ces « Zéniths » – sept fonctionnent au milieu des années 90 –, contribue à redessiner la carte de la diffusion des concerts de rock et des spectacles de variété. Les budgets en jeu pour favoriser ces musiques populaires sont infiniment plus faibles que ceux attribués aux orchestres permanents, à l'art lyrique ou à la musique contemporaine.

Le secteur de la musique contemporaine est l'un de ceux où la logique de la création et du soutien étatique est allée le plus loin. Malgré (ou à cause de) l'absence de public, le ministère de la Culture intervient à tous les niveaux de la création et de la diffusion de la musique post-sérielle ou atonale. L'amont de la composition (équipements électro-acoustiques et informatiques, chercheurs), la composition de l'œuvre (commande et résidence d'artistes), son exécution (ensemble subventionné ou missionné) et même sa diffusion sous différentes formes (salles de concerts, disques, émissions de radio...) relèvent d'une économie où la présence de l'Etat est capitale à la survie de la création.

Dans le domaine de l'art lyrique, le dossier de

l'Opéra Bastille empoisonne les années Lang. L'Opéra de Paris continue d'ailleurs à tenir une place majeure au sein du budget de la direction de la musique : en 1991, 743,5 millions de francs soit plus de 42 % du budget total. La difficile gestion de Pierre Bergé et les renvois de Daniel Barenboïm (1989) puis de Myung-Whun Chung ont fragilisé la crédibilité de l'Opéra de Paris. L'Etat soutient également les treize scènes de la Réunion des théâtres lyriques municipaux : 31,8 millions de francs en 1980 et 75,8 dix ans plus tard.

En revanche, la danse contemporaine connaît un fort mouvement d'institutionnalisation que symbolisent parfaitement la nomination de Jean-Claude Gallotta à la tête de la maison de la Culture de Grenoble en 1986, la création d'une Délégation à la danse au ministère de la Culture en 1987 et le choix d'une « Année de la danse » en 1988. Surtout, la création de Centres chorégraphiques nationaux formalise une implantation en province et permet à une génération de chorégraphes de s'exprimer. Jean-Claude Gallotta à Grenoble, Dominique Bagouet à Montpellier, Régine Chopinot à La Rochelle ou encore Maguy Marin à Créteil incarnent cette respectabilisation de la danse contemporaine, reconnue et favorisée par les pouvoirs publics. Aides aux projets, résidences d'artistes, subventions à des compagnies indépendantes et à des festivals complètent un dispositif qui n'est pas sans rappeler l'organisation plus ancienne du théâtre. L'ouverture des Jeux Olympiques d'Albertville confiée en 1992 à Philippe Decouflé fait découvrir au grand public une part de cet univers.

Dès le début des années Lang, le ministère intervient avec célérité et de manière volontariste pour relancer une politique des arts plastiques. En premier lieu, la création en 1982 d'une Direction des Arts plastiques confiée à Claude Mollard incarne au mieux le souhait d'impulser une nouvelle politique dans ce domaine. Son champ d'action est très large : la peinture, la sculpture, la photographie, les métiers d'art, la création industrielle, la mode, le graphisme et les nouvelles technologies de l'image. Le Centre national des arts plastiques, véritable instrument de gestion, gère à la fois les crédits et procède aussi aux commandes et achats d'œuvres d'art. Plusieurs nouvelles structures voient le jour ou bénéficient d'une reconnaissance officielle : le Fonds d'incitation à la création (FIACRE), créé en 1982, accorde des subventions incitatives ; les Fonds régionaux d'art contemporain (FRAC) appartiennent aussi à la première catégorie et sont censés constituer et diffuser des collections d'art contemporain dans chacune des vingt-deux régions ; en revanche les Centres d'art contemporain bénéficient d'une reconnaissance de l'Etat — leur histoire est très variable selon les lieux — et apparaissent plutôt comme des lieux d'exposition sans collection sur le modèle allemand de la *Kunsthalle*. Au total, la relance de la commande publique, les achats, les aides à la diffusion et aux artistes matérialisent un changement d'échelle qui se lit aussi dans l'évolution des différentes lignes budgétaires.

Conformément à la tradition républicaine, les modalités de fonctionnement reposent sur les choix opérés par des administrateurs-experts. Cette politique a incontestablement eu un effet incitateur pour les collectivités locales. Bien plus, le modèle de l'expertise s'est généralisé : les FRAC donnent lieu par exemple à une véritable « délégation du jugement esthétique » (Philippe Urfalino et Catherine Vilkas) des élus aux experts. Dans ce domaine, l'intervention de l'Etat est essentielle et joue fortement sur la construction des hiérarchies esthétiques. Raymonde Moulin signale combien « le rôle joué par les institutions culturelles dans la ratification et l'homologation sans délai de l'art du présent, quel que soit son décalage par rapport à la demande sociale, a été une des caractéristiques majeures de la période récente. L'anticipation s'est imposée aux responsables institutionnels non comme liée à une conjoncture historique, celle des avant-gardes, mais comme une loi d'airain de la réception artistique » [121].

Les formations artistiques : vers une priorité nationale ?

L'augmentation du budget de la Culture permet pendant cette période de moderniser plusieurs établissements d'enseignement artistique spécialisé. L'Institut des hautes études cinématographiques (IDHEC) connaît une importante réforme et donne naissance, non sans turbulences, à la FEMIS. Les Conservatoires nationaux supérieurs de musique de Paris et de Lyon obtiennent de nouveaux locaux à la hauteur de leur ambition pédagogique. L'Ecole du Louvre bénéficie des effets de l'aménagement du Grand Louvre. L'Ecole nationale supérieure des Beaux-Arts enregistre aussi une série de réformes qui vise à davantage ancrer la formation sur les techniques les plus récentes. La création de l'Ecole nationale supérieure de création industrielle souligne la volonté ministérielle d'intégrer le *design*.

La création de l'Ecole nationale du Patrimoine permet d'unifier la formation des conservateurs d'Etat et territoriaux des différentes filières du patrimoine (musées, monuments, fouilles et archives), excepté ceux des bibliothèques qui relèvent, depuis 1992, de l'Ecole nationale supérieure des sciences de l'information et des bibliothèques (ex-ENSB créée en 1964). De même, la professionnalisation croissante des secteurs culturels a suscité la création de formations universitaires de type DESS. Fortes de cet ancrage, certaines universités (Toulouse, Rennes, Dijon...) ont développé leur propre politique culturelle.

Le partenariat avec l'Education nationale enregistre un nouveau départ. Le ministère Lang mène également un effort sensible — bien que jugé encore insuffisant par de nombreux observateurs — en direction du milieu scolaire. Les crédits consacrés par le ministère à ces actions sont multipliés par cent, certes à partir d'un niveau très faible de 500 000 francs. Ces opérations sont menées dans le cadre de conventions de partenariat avec le ministère de l'Education nationale. Depuis 1982, les deux ministères cofinancent les programmes académiques d'action culturelle dans les secteurs de la danse et de la musique. L'année suivante, un protocole d'accord permet à des artistes et des organismes culturels d'apporter leur concours à l'éveil artistique des élèves. En 1988, François Léotard marque son passage rue de Valois par une loi qui fonde l'obligation des enseignements artistiques à l'école. Le texte ne sera pas appliqué dans toute son ampleur.

Entre 1986 et 1989, le ministère de l'Education nationale ouvre dans les lycées, à raison de quatre heures hebdomadaires, des séries artistiques, dites A3, dans quatre domaines : théâtre/expression dramatique, cinéma/audiovisuel, art plastique et éducation musicale. A la rentrée 1993, les sections A3 sont remplacées par une option Arts accessible aux élèves des séries littéraire, scientifique, économique et social des Lycées d'enseignement général et technologique. D'autres formes d'éducation artistique en milieu scolaire se développent également comme les classes « culturelles » — sous ce terme sont regroupées en 1990 les classes du patrimoine et les classes d'initiation artistique — et les opérations « collège au cinéma » à partir de 1989. En 1992, 1 100 collèges dans 39 départements, 230 000 collégiens concernés illustrent le succès de cette sensibilisation à la culture cinématographique qui vise des zones rurales et périurbaines peu équipées en salles.

Parallèlement, le ministère de l'Education nationale lance en 1993 une option « histoire des arts » dans les séries littéraires des lycées. Préparée par le recteur Philippe Joutard et Pierre Baqué depuis le début de la décennie, cette initiative vise à conforter la culture générale des élèves et touche une soixantaine d'établissements. De surcroît, pour la première fois dans l'enseignement secondaire, l'éducation artistique passe par la théorie et non pas par une pratique artistique.

Depuis le début des années quatre-vingt-dix, la volonté de mener une éducation artistique à l'école est un passage obligé du discours politique. Les contempteurs de l'Etat culturel, de Marc Fumaroli à Michel Schneider, s'accordent pour voir dans ce développement la clef d'une véritable démocratisation culturelle qui puisse légitimer l'intervention des pouvoirs publics dans les domaines artistiques et culturels. Pourtant, et par-delà les discours, la réalité sur le terrain pédagogique est beaucoup plus contrastée. Si les expériences novatrices et les dispositifs institutionnels se sont mulitpliés, ceux-ci restent marqués par une grande faiblesse : l'offre proposée aux élèves demeure aléatoire, inégale et, surtout, ne concerne qu'un nombre réduit de jeunes, le plus souvent volontaires.

CHAPITRE IV

UNE POLITIQUE CONTESTÉE

Les années 80 s'étaient ouvertes sur le « silence » des intellectuels. Ce débat estival, lancé en 1983 par le porte-parole du gouvernement Max Gallo, témoigne de la prise de distance des intellectuels par rapport à la gauche au pouvoir alors même que le ministre de la Culture fait plutôt porter ses efforts en direction des artistes.

Elles se refermaient sur une vive remise en cause de l'une des actions les plus visibles de la décennie Mitterrand : la politique culturelle de l'Etat. Le débat n'est certes pas vraiment nouveau mais il connaît à la fin des années 80 une ampleur jusque-là ignorée.

La dénonciation du « tout culturel »

En 1987, la publication de *La Défaite de la pensée* d'Alain Finkielkraut ouvre une vaste polémique. L'auteur, philosophe et essayiste, dénonce le déclin de la culture. De fait, c'est contre le relativisme culturel que se construit la démonstration. Certes, la politique menée par Jack Lang depuis 1981, reprise dans ses grandes lignes par François Léotard en 1986 pendant la cohabitation, n'est pas au centre du débat. Ceci étant, Alain Finkielkraut estime que cette politique a très largement contribué, en prenant en compte des domaines jusqu'alors ignorés par le ministère (le rock, la mode...), à cette dissolution de la culture dans le « tout culturel ». Dans son *Eloge des intellectuels*, Bernard-Henri Lévy s'inscrit dans la même veine intellectuelle. Le chef de file des « nouveaux philosophes » pointe aussi le « malaise dans la culture ». Quant au ministère de la Culture, il est accusé de concourir à légitimer ce malaise en réhabilitant la part « mineure » de la culture. Signe des temps, la même année est publiée la traduction de *L'Ame désarmée*, ouvrage de l'universitaire américain Allan Bloom, consacré à la dénonciation du système d'enseignement des Etats-Unis qui, en acceptant d'intégrer la culture des minorités, aurait contribué à la confusion des valeurs. La publication conjointe de ces trois ouvrages, très largement commentée pour les deux premiers, offre un outillage théorique qui permet bientôt une remise en cause plus directe du ministère.

En 1990, la publication par le ministère d'une enquête sur les pratiques culturelles des Français réactive et élargit la polémique. Les conclusions soulignent notamment l'échec de la démocratisation culturelle et le maintien des barrières matérielles et symboliques qui limitent l'accès à la culture dite « classique ». Les réactions sont diverses. Régis Debray, tout en insistant sur le rôle fondamental de l'écrit, invite le ministère de la Culture à édifier une télévision plus culturelle. Alain Finkielkraut voit, dans les attendus mêmes de l'enquête, « l'engloutissement » de la culture dans les pratiques culturelles et dénonce, comme en 1987, une nouvelle trahison des clercs.

L'Etat culturel en question

Mais c'est à l'automne 1991, avec la publication de l'ouvrage de Marc Fumaroli *L'Etat culturel*, que le débat prend un tour nouveau. L'ensemble de la presse française, bientôt rejointe par la télévision et par la radio, se fait l'écho de la polémique suscitée par les thèses défendues par l'auteur. De surcroît, deux des principales revues du paysage intellectuel français, *Esprit* — Emmanuel Mounier hypothétique « ministre de la Culture » de Vichy est au centre d'une des polémiques suscitées par l'ouvrage — et *Le Débat* ouvrent leurs colonnes aux nombreux contradicteurs. Le public est également sensible à ce débat, certes hautement médiatisé, et pendant de nombreuses semaines l'ouvrage occupe les meilleures places des différents palmarès publiés dans la presse spécialisée.

L'auteur de *L'Etat culturel* appartient à une des institutions les plus prestigieuses du paysage universitaire français : le Collège de France. Titulaire, depuis 1986, d'une chaire intitulée « Rhétorique et société en Europe (XVIe-XVIIe siècles) », cet historien des formes littéraires et artistiques de l'Europe moderne est l'auteur d'une œuvre reconnue par la communauté scientifique internationale : notamment *L'Age de l'éloquence* (1980) et *Héros et orateurs, rhétorique et dramaturgie cornéliennes* (1990). Méconnu du grand public pour ses importants travaux, Marc Fumaroli intervient donc ici dans le domaine de l'histoire des politiques culturelles de la France contemporaine. Aussi choisit-il, non pas la forme académique, mais adopte, non sans brio, la forme du pamphlet. Reste que la raison sociale l'emporte ici sur la forme : pour bien des commentateurs, Marc Fumaroli est considéré comme le spécialiste incontesté de la question qu'il présente.

La thèse mérite examen : aujourd'hui, la politique culturelle fait de l'Etat un pourvoyeur universel de « loisirs de masse » et de « produits de consommation ». L'Etat-providence apparaît alors, en s'appuyant sur des fonds publics, comme un concurrent du marché culturel. Cette confusion qui s'incarne dans le « tout culturel » provient bien de l'identification de la culture au tourisme. Dès lors, cette culture obsessionnelle propagée par une bureaucratie culturelle toujours plus nombreuse en vient à prendre les proportions d'une religion de la modernité. La Fête de la musique, la Fureur de lire, les commémorations (en premier lieu le Bicentenaire), sans oublier les Grands Travaux présidentiels, concrétisent la manipulation sociologique impulsée par l'Etat, nouveau Léviathan culturel au service d'un parti et d'une idéologie politique. Mais ce « portrait de l'Etat culturel » n'est que le résultat des politiques amorcées bien avant l'arrivée au pouvoir des socialistes en 1981. Marc Fumaroli propose dès lors une véritable esquisse des origines historiques de l'Etat culturel. Le modèle de l'Etat culturel est à rechercher dans le *Kulturkampf* bismarckien puis dans les manipulations staliniennes et nazies. En France, c'est Vichy qui se trouverait à la source de la présente action culturelle. André Malraux, par la volonté proclamée dès la création du ministère de la Culture en 1959 de « rendre accessibles les œuvres capitales de l'humanité [...] au plus grand nombre possible de Français » aurait accéléré la domination de la « culture audiovisuelle de masse ». L'Etat socialiste, à partir de 1981, ne fera que reprendre et mener à son terme cette ligne. En digne héritier de la philosophie politique de Tocqueville et de Raymond Aron, Marc Fumaroli se présente en militant d'un *Etat libéral* qui opposerait à nos sociétés de consommation et de loisir quelques contre-feux : essentiellement un système d'éducation ainsi que quelques butoirs légaux et fiscaux. Dans cette perspective, la culture devient essentiellement une affaire individuelle : « les arts ne sont pas des plats divisibles indéfiniment et égalitairement. Ce sont les échelons d'une ascension : cela se désire, cela ne s'octroie pas ». Ainsi, le principal ennemi de la démocratie libérale est bien la culture de masse.

Il reste, et c'est sans doute l'essentiel, que l'ouvrage de Marc Fumaroli peut-être compris comme un révélateur, véritable symptôme d'une interrogation sur la place et la définition de la culture dans nos sociétés contemporaines. Si l'ouvrage s'inscrit alors dans une tradition éditoriale bien établie depuis quelques années, il bénéficie d'une médiatisation exceptionnelle. En effet, la thèse n'est pas nouvelle et Marc Fumaroli l'a exprimée pour une large part dès 1982 dans les colonnes de la revue *Commentaire*. Mais sa très large diffusion en France comme à l'étranger et le contexte politique lui donnent alors un relief certain. De plus, même si certains historiens nuancent fortement la généalogie proposée par Marc Fumaroli, sa démonstration est reprise telle quelle par la plupart des médias. De même, le silence de Jack Lang et du ministère de la Culture a peut-être conforté la perspective critique. La nouveauté réside surtout dans la mise en cause virulente de la légitimité même du ministère de la Culture. Certes Marc Fumaroli ne propose pas une suppression totale de la structure ministérielle mais plaide pour sa réduction à la sphère patrimoniale.

Le succès de *L'Etat culturel* — 23 000 exemplaires vendus dans l'édition originale et plus de 20 000 dans l'édition de poche —, exacerbé sans aucun doute par les polémiques sur la Bibliothèque nationale de France et les perspectives électorales des législatives de mars 1993, réactualise un débat déjà ouvert. Ce succès témoigne aussi de l'épuisement de la politique culturelle impulsée par Jack Lang alors même que le second septennat de François Mitterrand est marqué par de multiples « affaires ». De surcroît, la confirmation en 1991 du retournement de la conjoncture économique et sociale rend d'autant plus difficile la défense d'une politique culturelle centrée sur le soutien aux créateurs.

Elargissement de la critique

En 1992, *L'Utopie française. Essai sur le patrimoine* de Jean-Michel Leniaud, préfacé par Marc Fumaroli, manifeste la permanence de ce débat. A quelques mois des élections, les ouvrages d'Henry Bonnier (*Lettre recommandée à Jack Lang et aux fossoyeurs de la culture*) et de Zadig, pseudonyme d'un groupe d'intellectuels appartenant aux Cercles universitaires proches de la droite (*L'Implosion française*), ne font que radicaliser, non sans quelques réductions, les propos de Marc Fumaroli. L'objectif est clairement affiché : la suppression du ministère de la Culture. Zadig ne manque pas de signaler les intellectuels désormais de référence : « il est vital pour la culture que ceux qui auront demain la responsabilité des destinées de la France aient lu et médité Steiner, Bloom, Lussato, Finkielkraut, Fumaroli, ou le retour à la vraie culture ».

A ces critiques libérales proches de l'opposition d'alors, l'année 1993 ajoute une remise en cause qui se veut de gauche et qui, de plus, provient du sérail même de l'administration culturelle. Michel Schneider, énarque, auteur d'ouvrages sur Schumann et Glenn Gould, directeur de la Musique et de la Danse au ministère de la Culture de 1988 à 1991, rejoint Marc Fumaroli sur plusieurs points : la dissolution de l'art dans la culture, l'instrumentalisation politique de la culture par un ministère au service des « créateurs » et l'importance excessive accordée à la médiatisation. Mais aux solutions libérales de Marc Fumaroli, l'auteur de *La Comédie de la culture* oppose l'impératif du service public : l'obligation, pour un Etat démocratique, de réduire l'inégalité de l'accès aux œuvres doit donc passer par l'éducation artistique. Ce volet éducatif essentiel complèterait un ministère de la Culture réduit à deux autres fonctions (la préservation du patrimoine et la diffusion démocratique de l'art), voire même éclaté au sein d'autres structures ministérielles. L'ouvrage — perçu quelquefois sur le mode du règlement de compte —, longuement commenté dans la presse nationale et même régionale, connaît lui aussi, avec plus de 32 000 exemplaires vendus, un beau succès public.

L'année suivante, l'ouvrage du juriste Jean-Louis Harouel (*Culture et contre-cultures*) reprend le dossier dans un cadre plus large : il s'agit d'évoquer le déclin de la « Culture » occidentale depuis la naissance des avant-gardes jusqu'à une confrontation supposée avec les formes inférieures des « Contre-cultures ». Au terme de la démonstration, la conclusion s'impose à l'auteur : il s'agit bel et bien de supprimer la structure ministérielle.

Par une politique et une communication qui épousent depuis 1981 au plus près l'air du temps, dans un contexte de changement annoncé de gouvernement, le ministère de la Culture se trouve sur la sellette. Evincé en partie des débats civiques, concurrencé dans la cité et sur la scène médiatique par les « créateurs » et autres « médiateurs », l'intellectuel défend ici son pré carré, voire même la visibilité de son action.

Retour du consensus

Au-delà d'un débat qui secoue la scène intellectuelle, force est de constater que la scène politique reste relativement sourde à ces différentes prises de position. Certes, lors de la campagne des législatives en 1993, la droite parlementaire intègre dans son dispositif discursif une partie de l'argumentation développée par Marc Fumaroli. Ce dernier est même souvent cité comme référence incontournable par les principaux ténors politiques de l'opposition au gouvernement socialiste. Entre les deux tours des législatives, alors même que la victoire de la droite se précise, Marc Fumaroli — nouvel élu à l'Académie française — souligne dans « Pour une rupture », tribune libre donnée au *Monde*, la nécessaire réforme de la politique culturelle qu'il appelle de ses vœux : le patrimoine doit s'imposer aux dépens du culturel.

Ceci étant, la pratique ministérielle impulsée par Jacques Toubon s'incrit bien rapidement dans les pas de son prédécesseur. Bien plus, les budgets 1994 et 1995 du ministère de la Culture et de la Francophonie sont adoptés sans bruit dans le cadre d'un relatif consensus. Enfin, le débat de l'automne 1993 autour de « l'exception culturelle » participe sans aucun doute à un consensus partagé par une large part de l'opinion publique et de la classe politique.

En effet, l'opinion publique ne semble pas remettre en cause la politique culturelle dénoncée par certains. Un sondage de la SOFRES pour le journal *La Croix* (7-9 octobre 1992) montre que 80 % des Français jugent normal que l'Etat contribue au financement de la culture, tandis que seuls 13 % estiment que la « culture est une activité comme une autre, qui ne doit pas être subventionnée ». Les domaines pour lesquels l'intervention de l'Etat est la plus souhaitée ont un rapport étroit avec le patrimoine (architecture des villes : 86 %, musées : 84 %, livres : 80 %, théâtre : 68 %) tandis que les médias audiovisuels sont plus volontiers considérés comme devant être exclus du financement public : 63 % de oui pour la télévision et seulement (mais encore majoritaire) 57 % de oui pour le cinéma d'auteur.

Cohabitations et continuité

De plus, fin 1993, la polémique sur « l'exception culturelle » soulevée lors de la phase finale des négociations du GATT (Uruguay Round) entre la France et les Etats-Unis renforce le consensus national. On voit même Jacques Toubon et Jack Lang assis à la même tribune, lors de la *Mostra* de Venise, pour préserver la spécificité de la culture française, et au-delà la culture européenne, face à la diffusion massive portée par la puissance des industries culturelles de la culture de masse américaine. Ce débat, hautement médiatisé, mais par ailleurs quelque peu marginal au sein des accords du GATT, a conduit les pays membres de l'Union européenne à réfléchir davantage à la relation entre le libre-échange, la culture et les conséquences politiques de cette relation.

La première cohabitation de 1986 à 1988 s'était inscrite pour une large part dans la continuité de la politique menée depuis 1981. Par exemple, la loi du 23 juillet 1987 officialisant le mécénat culturel comme acte de gestion reprend dans une large mesure une pratique mise en avant dès 1985. Certes François Léotard, suivi de près par Jack Lang qui reste omniprésent sur la scène politique et culturelle, infléchit la politique culturelle de l'Etat dans certains domaines : l'accent est remis sur le patrimoine, l'enseignement artistique est valorisé et le développement culturel n'est plus considéré comme une priorité.

A partir de 1993, la politique culturelle menée par le gouvernement Balladur joue également la continuité. Avec un budget qui représente 0,95 % du budget de l'Etat en 1994, le ministre de la Culture Jacques Toubon met l'accent sur trois orientations : l'aménagement du territoire (notamment par un rééquilibrage souhaité des dépenses Paris/Province), la formation et la sensibilisation de tous les publics à la culture et l'accroissement de l'action nationale à l'étranger, héritage gaullien oblige. Le ministre de la Culture, qui est en charge de la francophonie, s'inscrit également dans la filiation gaulliste lorsqu'il fait adopter le 5 mai 1994 une loi pour préserver l'usage du français. Dans un climat socio-économique bien maussade, le discours ministériel invite aussi à une meilleure gestion de ce secteur : « le temps de la facilité, de la subvention généralisée, du saupoudrage, se termine », souligne Jacques Toubon dès l'été 1993.

La nouveauté réside surtout dans la volonté d'intégrer la politique culturelle dans le cadre de l'aménagement du territoire, l'une des priorités affichées par le gouvernement d'Edouard Balladur. La liste des onze « Grands Projets en région » illustre cette volonté politique, mais signale également la modestie de l'engagement envisagé au regard des besoins du territoire : le Centre de la mémoire contemporaine à Reims, un centre de réserve pour les costumes de l'Opéra et de la Comédie-Française à Moulins, un Musée de l'imprimerie et de l'écrit à Lamotte-Beuvron, un Centre d'art contemporain à Toulouse, un Centre des arts forains et du théâtre à Lens, un auditorium à Dijon, la rénovation du Cargo (ex-maison de la Culture) à Grenoble, un Centre du patrimoine photographique à Chalon-sur-Saône, le développement de l'Institut Louis Lumière à Lyon, la refonte de la Villa Arson à Nice et un projet multimédia à Jouy-en-Josas.

La cohérence de l'ensemble se fonde sur l'idée d'un nécessaire schéma d'organisation de l'espace. A la tête, un réseau de pôles structurants de niveau national ou international, à la base (le monde rural et les « quartiers difficiles ») un service public culturel de proximité s'appuyant sur de petits équipements pluridisciplinaires (122 projets ont été retenus en 1994) ; entre les deux, une incitation à la coopération et au décloisonnement sous toutes ses formes : complémentarité à rechercher entre les villes moyennes, conseil, expertise et formation auprès des élus. Et pour faire appliquer cet ambitieux programme, Jacques Toubon relance au sein du ministère une structure unique pour piloter la déconcentration et l'aménagement du territoire.

Confiée à la Délégation aux développements et aux formations, cette mission transversale doit s'imposer face aux découpages sectoriels hérités de l'histoire du ministère. Mais là encore, le contexte budgétaire contraint bien vite le gouvernement à étaler dans le temps la matérialisation de ce programme ambitieux.

Un programme minimum : le 1 %

Quant à la campagne présidentielle de 1995, elle laisse dans une large mesure de côté la question de la politique culturelle. Au-delà de cette place modeste dans le débat électoral et de l'appel à des artistes dans leur comité de soutien respectif, les principaux candidats s'accordent cependant sur les priorités à engager : consacrer 1 % du budget de l'Etat à la culture, développer les enseignements artistiques vecteurs d'une culture pour tous et continuer le partenariat avec les collectivités locales dans le cadre d'un nécessaire aménagement culturel du territoire.

Seul Jean-Marie Le Pen, leader de la droite nationale, rompt ouvertement ce consensus. Préconisant la suppression du ministère de la Culture et le rétablissement d'un simple secrétariat aux Beaux-Arts, le candidat du Front national estime que l'Etat doit réserver son action à la conservation du patrimoine et à l'éducation artistique.

Un bilan contrasté

Le bilan de la période ouverte avec l'arrivée de la gauche au pouvoir est contrasté. L'engagement de Jack Lang, la volonté d'ouvrir le champ culturel et l'investissement budgétaire ont assurément donné un souffle nouveau à la politique culturelle de l'Etat. Les collectivités locales ont encore renforcé cette première donnée.

Les politiques sectorielles ont bénéficié à plus d'un titre de cette embellie : une offre culturelle de qualité s'est démultipliée tout en conduisant à une professionnalisation croissante de nombreux secteurs culturels. Les équipements culturels se sont modernisés dans leur structure comme dans leur mode de gestion. Au total, malgré la prééminence maintenue de Paris, le territoire national a connu une réelle homogénéisation culturelle.

Ce changement d'échelle a cependant conforté quelques tendances lourdes. Le ministère de la Culture en privilégiant la création a encouragé une gestion corporatiste de plusieurs secteurs sans pour autant répondre toujours à des intérêts de service public. Pour dire vite, l'impulsion sur l'offre ne s'est pas accompagnée d'une réflexion politique soutenue sur les publics. De plus, de nombreux secteurs voient leur dépendance s'accroître par rapport à l'Etat : l'économie mixte culturelle demeure plus que jamais l'un des fondements du système culturel français.

Enfin, cette embellie culturelle semble avoir du mal à trouver une nouvelle impulsion par temps de crise économique aggravée et de budgets de rigueur assumés. L'Etat — à l'image des collectivités locales — n'a guère les moyens de répondre à une inflation budgétaire suscitée par quinze années d'une politique d'équipements culturels. Au-delà des débats intellectuels, les changements de gouvernement ont depuis 1981 assez peu affecté la politique culturelle de l'Etat. A ce titre, une grande continuité marque la gestion de ce domaine, même si la rigueur budgétaire réduit ensuite les ambitions initiales.

ÉPILOGUE

SOUS LE SIGNE DE LA « REFONDATION »

Le milieu des années 90 est marqué par une plus grande visibilité des maux de la société française. Le temps d'une campagne électorale, Jacques Chirac impose à l'opinion l'idée d'un volontarisme politique nécessaire pour réduire la « fracture sociale ». Les politiques culturelles n'échappent pas à cette conjoncture qui voit resurgir la question sociale.

Alors que Jacques Toubon s'était inscrit pour l'essentiel dans la continuité des années Lang, ses deux successeurs — Philippe Douste-Blazy et Catherine Trautmann — affirment, au-delà de leur sensibilité politique différente, une nette volonté de rupture. La justification des politiques publiques de la culture enregistre un net glissement vers le social : contribuer à la réduction de « fracture sociale » pour le premier ; réinsérer la culture au « cœur du pacte républicain » pour la seconde. Aussi, la thématique de la « refondation » n'est pas seulement administrative mais tend à réaffirmer la légitimité d'une politique culturelle.

Vers une « refondation »

A partir de 1995, le ministère de la Culture, dirigé par le centriste Philippe Douste-Blazy, est confronté à la rigueur financière prônée par le gouvernement Juppé. Le 1 % culturel du budget de l'Etat promis par

Jacques Chirac au moment de la campagne présidentielle s'éloigne de plus en plus. Cette situation suscite un profond mécontentement au sein des professions culturelles, notamment celles du spectacle vivant mobilisées depuis plusieurs mois.

Seul le rattachement de la direction de l'architecture, des orchestres de Radio-France, de la Cité des sciences et de l'industrie et de la chaîne de télévision Arte au ministère de la Culture permet d'approcher le mythique 1 % du budget de l'Etat. Quant à la création d'une Fondation du Patrimoine sur le modèle du *National Trust* britannique, elle semble bien relever, au-delà de la volonté affichée de prendre en compte de manière plus large le patrimoine de proximité, d'une stratégie de diversification des fonds en faisant davantage appel au financement privé.

La scène intellectuelle bruit de nouveau de la question du déclin de la culture française. Bien vite, alors même que la scène sociale est par ailleurs marquée par des débats de fond, le ministère de la Culture se retrouve sur la sellette. Début 1996, l'offensive provient d'outre-Atlantique et vise à montrer la perte d'influence de la culture française. Dans ce débat, les médias américains trouvent quelques appuis chez des intellectuels français, issus de la droite conservatrice. L'écho français de la polémique mobilise les médias parisiens avant de s'estomper assez rapidement.

Dans ce contexte morose, le ministre de la Culture engage une réflexion sur une nécessaire « refondation » de sa politique. La lettre de mission de Jacques Rigaud, nommé en février 1996 président de la Commission de réflexion pour une refondation de la politique culturelle, explicite les enjeux du débat : « le moment m'a donc semblé venu, en respectant un modèle français de service public de l'action culturelle, de redéfinir les missions et les méthodes du ministère de la Culture, à partir de trois axes politiques qui émergent [...] D'abord, recentrer le ministère sur ses fonctions d'impulsion, de coordination, d'évaluation [...] Ensuite, engager une concertation, méthodique et périodique avec les collectivités locales. Enfin, contractualiser les concours publics aux institutions culturelles, en contrepartie d'engagements véritables de service public ». La proximité de pensée entre le centriste Philippe Douste-Blazy et l'ancien directeur du cabinet de Jacques Duhamel, ancien membre du Conseil d'Etat aux commandes de RTL, a sans doute favorisé l'appropriation par le ministre des propositions mises en avant par Jacques Rigaud. D'ailleurs la référence à la philosophie mise en œuvre par Jacques Duhamel au début des années 70 est revendiquée par le ministre.

Formée en mars 1996, la Commission Rigaud, constituée de personnalités aux origines très diverses, consulte pendant près de six mois de nombreux acteurs de la vie culturelle et politique du pays. Remis au ministre en octobre suivant, publié à La Documentation française, le Rapport Rigaud a vocation à inspirer les responsables politiques et à « redonner du souffle à une politique culturelle quelque peu exténuée et répétitive » (Jacques Rigaud). La légitimité du modèle français de service public de l'action culturelle est réaffirmée. Le rôle de l'Etat est posé avec force mais comme une dimension de l'action gouvernementale et dans un souci de concertation avec les collectivités locales. La restauration des capacités financières du ministère s'impose et le rapport souligne la méfiance, voire l'hostilité, du ministère des Finances à l'égard de la dépense culturelle des pouvoirs publics. Plusieurs propositions visent à réorganiser l'administration centrale du ministère. L'éducation artistique et culturelle est présentée comme une « cause nationale ». Enfin, la mise en cohérence des politiques des industries culturelles est une priorité. Ce rapport sert dans les semaines suivantes de socle à une réflexion sur la réorganisation administrative du ministère.

Culture et lien social

L'instrumentalisation de la politique au service de la régulation sociale se concrétise sous la forme de vingt-neuf « projets culturels de quartier » qui représentent, bien modestement, le volet culturel du plan de relance pour la ville. Le ministre souligne que « l'action culturelle [...] peut favoriser la restauration de la communication sociale dans la ville » et présente l'opération comme la préfiguration de « ce que pourrait être la politique culturelle de lutte contre l'exclusion sur l'ensemble du territoire ». Sur le terrain, ces projets ont permis de mener une réflexion sur la place de la culture dans le développement urbain. En revanche, au plan ministériel, la logique du « coup médiatique » l'a emporté sur la mise en place d'une véritable politique.

Subvention de fonctionnement des grandes institutions parisiennes (en millions de francs)

	1995	1996	1997	1998	1999
BNF	549	576,9	568,2	600,3	602,2
Opéra	581,4	615	611,7	635,1	639,9
Louvre	289,3	277,2	274,1	279,2	281,1
Cité de la Musique	113,6	145,1	141	142,3	141,7
La Villette	126,1	122,6	121	125,7	128,1
Conservatoire de Paris	72,3	73,3	73,3	73,7	74,1
Total	1 731,7	1 810,1	1 789,3	1 856,2	1 867,1
Budget ministère	13 555	15 532	15 126,3	15 145,6	15 710,1
% des établissements publics issus des grands travaux	12,7	11,6	11,8	12,2	11,9

Source : *Rapport Assemblée nationale*, octobre 1999.

De plus, les conditions du débat budgétaire pour l'exercice 1997 montrent l'étroite marge de manœuvre dont dispose Philippe Douste-Blazy. A périmètre constant, les crédits du ministère de la Culture ont chuté de 20 % entre 1993 et 1997. Cette baisse budgétaire est d'autant plus sensible que le budget de fonctionnement du ministère est grevé par le poids des établissements publics issus des Grands Travaux.

Le projet de rationalisation de l'administration centrale, qui doit se matérialiser par le rapprochement de certaines directions, suscite de vives résistances au sein même du ministère. Au printemps 1997, la dissolution de l'Assemblée nationale par le président de la République interrompt brutalement le processus de « refondation ».

Une rénovation en marche

Catherine Trautmann, ministre de la Culture et de la Communication dans le gouvernement dirigé par Lionel Jospin, souligne sa volonté de poursuivre la démarche entreprise par son prédécesseur. La « rénovation de la politique culturelle » est mise à l'ordre du jour. Evitant les effets d'annonce, l'ancien maire de Strasbourg utilise le débat budgétaire de l'automne 1997 pour présenter les grands axes de sa politique. La mission de démocratisation des pratiques culturelles est confortée : il s'agit « d'offrir au plus grand nombre un véritable accès à la culture ». Les 15,1 milliards du budget 1998, soit une hausse de 3,8 % par rapport à 1997, traduisent le retour de la politique culturelle au sein des priorités gouvernementales. Avec 0,95 % du budget de l'Etat, le budget du ministère de la Culture reste en dessous du 1 % qui demeure un horizon à atteindre sur plusieurs exercices. Les budgets votés pour les exercices 1999 (15,7 milliards) et 2000 (16 milliards) confirment cette tendance à la hausse.

La modernisation administrative accompagne ce « budget de reconstruction » (Catherine Trautmann).

Le regroupement de plusieurs directions autour de deux pôles structurants et complémentaires, le patrimoine (Direction de l'architecture et du patrimoine) et les spectacles vivants (Direction de la musique, de la danse, du théâtre et du spectacle), concrétise la simplification et la rationalisation de l'administration centrale. La poursuite de la déconcentration et le souci de la contractualisation avec les collectivités locales confirment également la volonté du ministère de la Culture de s'inscrire dans la démarche de la réforme de l'Etat.

Un ministère réorganisé

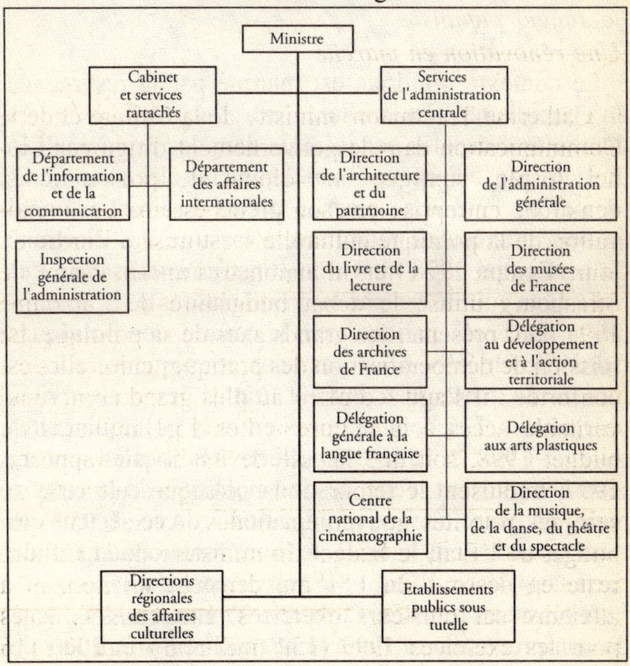

La « Charte des missions de service public du spectacle vivant » (1998) souligne la nécessité de contractualiser les concours publics aux institutions culturelles en contrepartie d'engagements véritables de service public. Plus ou moins bien perçu par les acteurs culturels, ce texte traduit une réelle rupture par rapport aux pratiques antérieures. De même, la signature en juin 1999 d'une charte avec les principales fédérations d'éducation populaire traduit la volonté de mettre fin à un divorce qui remonte aux années Malraux. Ce partenariat rencontre plusieurs objectifs jugés prioritaires par le ministère de la Culture : conforter l'éducation artistique et culturelle, développer les pratiques artistiques amateurs.

Le danger populiste

Le contexte politique est marqué par la résurgence du populisme. La culture est l'un des premiers domaines contrôlés par les élus dans les municipalités dirigées par le Front national depuis les élections municipales de 1995. La présence d'élus du Front national au sein d'exécutifs régionaux à la suite des élections du printemps 1998 confirme l'instrumentalisation des politiques culturelles par la droite nationale. L'implantation du Front national sur le terrain des politiques culturelles locales n'est pas sans conséquence sur les formes du partenariat entre l'Etat et les collectivités territoriales. Les convergences entre la politique culturelle de l'Etat et celle des collectivités locales sont ici récusées. Surtout, cette gestion politique de la culture remet en cause une « dépolitisation » de ce secteur qui avait grandement facilité le bon fonctionnement du partenariat entre l'Etat et les municipalités.

A plusieurs reprises, Catherine Trautmann, à l'image de son prédécesseur, intervient pour réaffirmer le rôle de l'Etat dans le maintien du pluralisme culturel. Un « Comité de Vigilance » est mis en place par la ministre en avril 1998. Cette conjoncture idéologique alimente une demande d'Etat, notamment de la part des professionnels du spectacle vivant, et rend plus difficile la poursuite de la politique de décentralisation et de déconcentration. Les professionnels de la filière du livre ont été parmi les premiers à saisir les enjeux de cette mutation et à solliciter le recours de l'Etat : la loi sur les bibliothèques revient en force sur l'agenda ministériel. Pourtant, et au-delà des quelques villes gérées par l'extrême droite, l'essentiel reste le partenariat désormais de règle entre l'Etat ct les collectivités locales, fondé sur des critères définis par les réseaux professionnels.

Cette lutte contre le Front national offre au ministère de la Culture l'opportunité de consolider sa légitimité en assumant de nouvelles responsabilités. La démocratisation des pratiques culturelles est complétée par la défense de la liberté et de la création artistique.

Sous le feu des critiques

Le ministère de la Culture reste cependant soumis à de nombreuses critiques. Bénéficiant au départ d'un préjugé favorable de la part des acteurs du monde de la culture, la ministre ne parvient pas à utiliser cette bonne image de marque pour concrétiser son projet politique. Au Festival d'Avignon, Catherine Trautmann doit défendre dès l'été 1997 une position affaiblie par des annulations budgétaires qui n'épargnent pas son ministère. Une Coordination nationale, qui réunit les principaux metteurs en scène du théâtre subventionné, lance un appel au Premier ministre : « Nous ne nous mobilisons pas pour défendre uniquement nos subventions. Ce que nous défendons, c'est l'existence d'un ministère dont on ne sait encore de quelles forces vives il va se trouver dépouillé. Ainsi se poursuivrait une liquidation dont on ne s'attendait pas à ce qu'elle fût votre œuvre ». En octobre, la fronde s'inscrit dans une logique corporatiste : « Nous aurions aimé une pensée partagée pour ce qui est de l'art [...] du danger qui le guette à être confondu avec toute forme d'action culturelle, humanitaire ou sociale. L'art n'a pas à se justifier. [...] Nous appelons de nos vœux un ministère des Arts et de la Culture fort et autonome, libre aussi de ses désirs et les défendant singulièrement ».

En choisissant de rompre avec une gestion médiatique et corporatiste du ministère, Catherine Trautmann s'est à la fois isolée du monde des « créateurs » et d'une grande partie de la presse nationale. Le soutien critique de la revue *Politis* qui lance en décembre 1997 une pétition « Pour un service public de la culture » demeure somme toute isolé. La réception de cette initiative par des personnalités reconnues de l'action culturelle — Catherine Dasté, Joffre Dumazedier, Paul Puaux, Jean Hurstel... — témoigne cependant d'une volonté de changement et du retour au premier plan de la thématique de la démocratisation culturelle alors même que la question de « l'exclusion » s'impose dans le débat sur le devenir de la société française.

Cependant, la fragilité du cabinet de la ministre handicape les relations avec les directions sectorielles du ministère. Par ailleurs, l'échec en décembre 1998 de son projet sur l'audiovisuel contribue à affaiblir la position de Catherine Trautmann au sein du gouvernement alors même que les artistes sont au premier rang pour critiquer la gestion gouvernementale du dossier des « sans papiers ». La liaison étroite entre le ministère de la Culture et les créateurs — caractéristique des années Lang — est en grande partie révolue.

De l'AMI à l'OMC

En revanche les cinéastes français, et européens, soutiennent la position française lors des négociations internationales sur le commerce.

En 1998, lors des négociations avec l'OCDE autour de l'accord multilatéral sur l'investissement (Ami), la France défend l'« exception culturelle ». Le gouvernement Jospin choisit de faire obstacle à l'inclusion d'un volet culturel et refuse de participer aux négociations.

En 1999, à la veille des négociations de l'OMC à Seattle, la France se bat au sein de l'Union européenne pour le maintien de l'« exception culturelle ». Le mandat donné à la Commission, adopté par les Etats membres le 26 octobre 1999, est favorable à la position française : « L'Union veillera, pendant les prochaines négociations de l'OMC, à garantir, comme dans le cycle d'Uruguay, la possibilité pour la Communauté et ses Etats membres, de préserver et de développer leur capacité à définir et mettre en œuvre leurs politiques culturelles et audiovisuelles pour la préservation de leur diversité culturelle ». Catherine Trautmann ajoute : « l'exception culturelle est le moyen juridique, la diversité culturelle est notre objectif ».

Cette position confirme la place croissante des industries culturelles au sein des politiques publiques de la culture. Elle témoigne aussi de la tension entre la place de l'art dans la culture politique des élites et les évolutions techniques et commerciales du marché du divertissement à l'échelle mondiale.

La déflation présidentielle

Le registre symbolique n'est pas abandonné par Jacques Chirac. En novembre 1996, l'inhumation au Panthéon d'André Malraux est l'occasion d'honorer, par-delà l'intellectuel engagé et l'organisateur de la geste gaulliste, le fondateur du ministère des Affaires culturelles. Le ministère de la Culture accompagne l'initiative présidentielle par une large opération de sensibilisation sous le titre de « l'Automne Malraux ».

Dès 1995, le président de la République Jacques

Chirac annonce également son souhait de donner une meilleure place en France aux arts dits primitifs. La création d'un nouvel établissement muséal consacré aux « Arts premiers » soulève l'année suivante une vive polémique chez les chercheurs du Musée de l'Homme. L'équipe Germain Viatte-Maurice Godelier permet au printemps 1999 l'élaboration du projet dans une ambiance plus sereine. Le Musée des arts et civilisations devrait réunir, à partir de 2004, les collections de la section ethnologique du Muséum national d'histoire naturelle (Musée de l'Homme) et celles du Musée national des arts africains et océaniens. Une antenne devrait s'ouvrir au sein du Musée du Louvre dès le printemps 2000. En décembre 1999, Jacques Chirac retient l'architecte Jean Nouvel, classé en tête par le jury quelques jours plus tôt. Le dernier grand chantier culturel parisien bénéficie d'un budget de 1,1 milliard de francs.

Le maintien de la logique des grands travaux présidentiels — certes à une échelle qui n'a rien à voir avec les précédents mitterrandiens — masque mal une réelle inflexion dans la gestion présidentielle de la politique culturelle par rapport aux présidences Mitterrand. Le sentiment général est celui d'un relatif retrait du président de la République ; en fait celui-ci retrouve un rôle moins monarchique. Certes, depuis 1997, le jeu institutionnel de la cohabitation suffit à expliquer cette configuration.

Cette situation est l'une des ruptures les plus fortes avec les années Lang. Le ministre chargé de la Culture se retrouve dans une position plus classique et plus inconfortable, bénéficie certes de l'appui du Premier ministre mais sa marge d'initiative est très faible face à une administration des Finances traditionnellement opposée à la culture alors même que les demandes que les différentes tranches de la population adressent aux institutions publiques sont croissantes — ce qui est exactement le but qui a été poursuivi par la politique publique de la culture depuis quatre décennies.

CONCLUSION

L'Etat culturel — la notion a été utilisée comme clef polémique par Marc Fumaroli — est le produit d'une sédimentation historique. Cette longue et hésitante montée en puissance ne peut guère être assimilée à un encadrement totalitaire des mondes de l'art et de la culture. Le combat pour le 1 % qui s'impose à partir du début des années soixante-dix jusqu'à faire figure vingt ans plus tard d'horizon politique traduit plutôt une faiblesse budgétaire et un bricolage administratif permanents.

A ce titre le tournant des années quatre-vingt doit être souligné. Le ministère acquiert une nouvelle dimension à la fois budgétaire, politique et sociale. L'Etat n'est pourtant pas le seul ordonnateur des politiques publiques de la culture même s'il pèse considérablement sur la mise en forme du cadre normatif. Les collectivités locales jouent désormais un rôle essentiel qui ne doit pas être compris comme le seul accompagnement des incitations étatiques. La notion de partenariat et la professionnalisation des secteurs culturels expliquent la croissance des interventions publiques dans les domaines culturels. Cette conjonction a contribué à homogénéiser, en quantité comme en qualité, l'offre culturelle sur l'ensemble du territoire national. Le « désert culturel » vilipendé jusqu'à la fin des années soixante ne permet plus de qualifier la situation actuelle.

Cette politique n'a pourtant pas contribué à réduire significativement les écarts sociaux qui caractérisent les pratiques culturelles. Il est cependant trop simple d'en déduire un échec total des politiques culturelles publiques. Evaluer la politique culturelle à l'aune des seules pratiques semble peu crédible. En revanche, mener des politiques sans prendre le pouls des pratiques conduit certainement à des impasses. Le ministère de la Culture s'efforce depuis une quinzaine d'années de tenir compte des pratiques émergentes.

Là se situe sans doute le nœud des incompréhensions entre ceux qui vivent mal le déclin d'une certaine forme de culture, marquée par la figure de l'homme cultivé et sociologiquement élitiste, et ceux qui envisagent sans regret une plus large prise en compte des pratiques dans leur diversité. Cette tension, perceptible au sein même du ministère de la Culture, explique sans doute la vivacité des polémiques qui traversent régulièrement la scène intellectuelle française au sujet des politiques publiques de la culture.

A ce titre, l'évaluation des années Lang est souvent marquée du sceau de la sévérité. Certes, la critique dans sa pluralité a mis le doigt sur quelques dérives incontestables. Corporatismes et clientélismes ont rendu les règles du jeu opaques. La transparence démocratique n'est pas toujours assurée à l'image d'autres secteurs des politiques publiques. Le doublement du budget du ministère, la volonté politique d'un ministre soutenu avec continuité par le président de la République, la reconnaissance par les pouvoirs publics de nouvelles pratiques culturelles, l'intense travail législatif, la modernisation des équipements culturels et la professionnalisation des acteurs culturels n'ont pas que des effets négatifs sur les formes de la médiation culturelle. L'augmentation considérable de l'offre culturelle a également bénéficié à un grand nombre de créateurs. La majorité des institutions culturelles ne pourraient fonctionner, à Paris comme en région, sans le soutien des pouvoirs publics. Le secteur culturel français fonctionne dans le cadre d'une économie mixte qui associe — plus ou moins fortement selon les secteurs — les pouvoirs publics au secteur privé. Rien ne permet de laisser penser que le retrait des pouvoirs publics et le seul fonctionnement du marché permettraient une bonne et juste régulation des questions culturelles.

Certes, le projet social enveloppé sous la notion de démocratisation culturelle, qui légitimait l'action culturelle, a changé de sens et s'est progressivement délité par rapport à ses objectifs initiaux ; pour autant, les relations entre le plus grand nombre et les univers culturels sont plus diversifiées aujourd'hui qu'hier.

BIBLIOGRAPHIE

Sans viser à une impossible exhaustivité, cette bibliographie a vocation à recenser les principaux ouvrages et articles utilisés et à proposer un guide de lecture. Pour ceux qui souhaitent en savoir plus, nous renvoyons à :

[1] POIRRIER Philippe, *Bibliographie de l'histoire des politiques culturelles. France, XIX*e*-XX*e *siècles*, Paris, La Documentation française, 1999.

Histoire culturelle de la France contemporaine

[2] BURGUIERE André (dir.), *Les Formes de la culture*, Paris, Seuil, 1993.

[3] CRUBELLIER Maurice, *Histoire culturelle de la France (XIX*e*-XX*e*)*, Paris, Armand Colin, 1974.

[4] DONNAT Olivier, *Les Français face à la culture de l'exclusion à l'éclectisme*, Paris, La Découverte, 1994.

[5] DUBY Georges, MANDROU Robert et SIRINELLI Jean-François, *Histoire de la civilisation française. XVII*e*-XX*e *siècles*, Paris, Armand Colin,1984.

[6] GOETSCHEL Pascale et LOYER Emmanuelle, *Histoire culturelle et intellectuelle de la France au XX*e *siècle*, Paris, Armand Colin, 1994.

[7] ORY Pascal, *L'Entre-deux-Mai. Histoire cultu-*

relle de la France, Mai 1968. Mai 1981, Paris, Seuil, 1983.

[8] ORY Pascal, *L'Aventure culturelle française. 1945-1989*, Paris, Flammarion, 1989.

[9] POIRRIER Philippe, *Société et culture en France depuis 1945*, Paris, Seuil, 1998.

[10] RIOUX Jean-Pierre et SIRINELLI Jean-François (dir.), *Pour une histoire culturelle*, Paris, Seuil, 1997.

[11] RIOUX Jean-Pierre et SIRINELLI Jean-François, *Histoire culturelle de la France ; 4. Le temps des masses, le vingtième siècle*, Paris, Seuil, 1998.

Histoire des politiques artistiques et culturelles

Quelques essais permettent de saisir les principaux enjeux :

[12] FUMAROLI Marc, *L'Etat culturel. Essai sur une religion moderne*, Paris, Editions de Fallois, 1991.

[13] GAUDIBERT Pierre, *Action culturelle, intégration et/ou subversion*, Paris, Casterman, 1977.

[14] LAURENT Jeanne, *La République des Beaux-Arts*, Paris, Julliard, 1955.

[15] LAURENT Jeanne, *Arts et pouvoirs en France de 1793 à 1981*, Saint-Etienne, CIEREC, 1982.

[16] PATRIAT Claude, *La Culture, un besoin d'Etat*, Paris, Hachette, 1998.

[17] RIGAUD Jacques, *L'Exception culturelle. Culture et pouvoirs sous la Ve République*, Paris, Grasset, 1995.

[18] SAINT-PULGENT Maryvonne de, *Le Gouvernement de la culture*, Paris, Gallimard, 1999.

Les synthèses restent peu nombreuses et ne développent pas toujours une perspective historienne :

[19] Caune Jean, *La Culture en action. De Vilar à Lang : le sens perdu*, Grenoble, PUG, 1999.

[20] Djian Jean-Michel, *La Politique culturelle*, Paris, Le Monde Editions-Marabout, 1996.

[21] Dubois Vincent, *La Politique culturelle : genèse d'une catégorie d'intervention publique*, Paris, Belin, 1999.

[22] Looseley David L., *The Politics of fun. Cultural Policy and Debate in Contemporary France*, Oxford-Washington, Berg Publishers, 1995.

[23] Monnier Gérard, *L'Art et ses institutions en France. De la Révolution à nos jours*, Paris, Gallimard, 1995.

[24] Moulinier Pierre, *Les Politiques publiques de la culture en France*, Paris, PUF, 1999.

[25] Ritaine Evelyne, *Les Stratèges de la culture*, Paris, Presses de la FNSP, 1983.

[26] Saez Guy, *L'Etat, la ville, la culture*, Université de Grenoble II, Thèse de science politique, 1993.

[27] Urfalino Philippe, *L'Invention de la politique culturelle*, Paris, La Documentation française, 1996.

La gestion des Beaux-Arts

[28] Chaudonneret Marie-Claude, *L'Etat et les artistes. De la Restauration à la monarchie de Juillet (1815-1833)*, Paris, Flammarion, 1999.

[29] Chougnet Jean-François, « Réconcilier l'Etat et le génie », dans Philippe Gumplowicz et Jean-Claude Klein (dir.), *Paris 1944-1954. Artistes, intellectuels, publics : la culture comme enjeu*, Paris, Autrement, 1995, p. 206-220.

[30] Chougnet Jean-François, « La République, le Budget et les Beaux-Arts » dans *La Direction du budget face aux grandes mutations des années cinquante, acteur... ou témoin ?*, Paris, Comité pour l'histoire

économique et financière de la France, 1998, p. 275-294.

[31] DUBOIS Vincent, « L'art et l'Etat au début de la IIIe République, ou Les Conditions d'impossibilité de la mise en forme d'une politique », *Genèses, Sciences sociales et histoire*, juin 1996, nº 23, p. 6-29.

[32] « L'espérance contrariée. Education populaire et jeunesse à la Libération (1944-1947) », *Les Cahiers de l'Animation*, 1986, nº 57-58.

[33] FAURE Christian, *Le Projet culturel de Vichy. Folklore et révolution nationale. 1940-1944*, Paris-Lyon, Editions du CNRS-Presses Universitaires de Lyon, 1989.

[34] GENET-DELACROIX, Marie-Claude, *Art et Etat sous la IIIe République. Le système des Beaux-Arts. 1870-1940*, Paris, Publications de la Sorbonne, 1992.

[35] GENET-DELACROIX Marie-Claude, « Le Conseil supérieur des Beaux-Arts : histoire et fonctions, 1875-1940 », *Le Mouvement social*, 1993, nº 163, p. 45-65.

[36] GENET-DELACROIX Marie-Claude, « Histoire et fonction de la direction des Beaux-Arts (1870-1905) », *Romantisme*, 1996, nº 93, p. 39-50.

[37] GEORGEL Chantal, *1848, les artistes et les arts vivants*, Paris, Fayard-RMN, 1998.

[38] GERBOD Paul, « L'action culturelle de l'Etat au XIXe siècle », *Revue historique*, octobre-décembre 1983, p. 389-401.

[39] MAINARDI Patricia, *The End of the Salon. Art and the State in the Early Third Republic*, New York, Cambridge University Press, 1994.

[40] MURACCIOLE Jean-François, *Les Enfants de la défaite. La Résistance, l'éducation et la culture*, Paris, Presses de Sciences Po, 1998.

[41] ORY Pascal, « Politiques culturelles avant la lettre : trois lignes françaises, de la Révolution au Front populaire » dans Raymonde MOULIN (dir.), *Sociologie*

de l'Art, Paris, La Documentation française, 1986, p. 23-30.

[42] ORY Pascal, « Pierre Bourdan et la politique culturelle du gouvernement Ramadier » dans Serge BERSTEIN (dir.), *Paul Ramadier : la République et le socialisme*, Bruxelles, Complexe, 1990, p. 259-272.

[43] ORY Pascal, *La Belle Illusion. Culture et politique sous le signe du Front populaire. 1935-1938*, Paris, Plon, 1994.

[44] RIOUX Jean-Pierre (dir.), *La Vie culturelle sous Vichy*, Bruxelles, Complexe, 1990.

[45] RIOUX Jean-Pierre, « Ambivalences culturelles (1940-1941) » dans Jean-Pierre AZEMA et François BEDARIDA (dir.), *La France des années noires, tome 1, De la défaite à Vichy*, Paris, Seuil, 1993, p. 515-536.

[46] SAEZ Guy, « Culture et éducation populaire du Front populaire à la Libération : entre continuités et ruptures », dans *Passages public(s). Points de vue sur la médiation artistique et culturelle*, Paris-Lyon, DDF-ARSEC, 1995, p. 52-66.

[47] URFALINO Philippe, « Action publique, création privée », *Revue française d'administration publique*, janvier-mars 1993, n° 65, p. 51-62.

L'institutionnalisation :
le ministère de la Culture de Malraux à Lang

[48] CABANNE Pierre, *Le Pouvoir culturel sous la Cinquième république*, Paris, Olivier Orban, 1981.

[49] *De Gaulle et la culture. De Gaulle en son siècle, tome VII*, Paris, Plon-La Documentation française, 1992.

[50] CHOUGNET Jean-François, « La culture de la gauche : au-delà du populisme », *Interventions*, juillet-septembre 1986, n° 17, p. 21-26.

[51] DESNEUX Richard, *Jack Lang. La culture en mouvement*, Paris, Favre,1990.

[52] DONNAT Olivier, « Politique culturelle et débat sur la culture », *Esprit*, novembre 1988, p. 90-101.

[53] DONNAT Olivier, « Démocratisation culturelle : la fin d'un mythe », *Esprit*, mars-avril 1991, p. 65-82.

[54] DUBOIS Vincent, « Politiques culturelles et polémiques médiatiques. Lectures croisées en guise d'introduction », *Politix*, décembre 1993, nº 24, p. 5-19.

[55] DUFOUR Stéphane, *Les Gaullistes et la politique culturelle de l'Etat, 1969-1995*, Université de Bourgogne, maîtrise d'histoire, 1998.

[56] FOULON Charles-Louis, « André Malraux, ministre d'Etat et le ministère des Affaires culturelles de 1959 à 1969 », dans *De Gaulle et Malraux*, Paris, Plon, 1987, p. 221-240.

[57] FOULON Charles-Louis, « Des Beaux-Arts aux Affaires culturelles (1959-1969). Les entourages d'André Malraux », *Vingtième siècle. Revue d'histoire*, 1990, nº 28, p. 29-40.

[58] GAUZERE Mireille, « Politiques culturelles : l'élan », dans Laurent MENIERE (dir.), *Bilan de la France. 1981-1993*, Paris, Hachette, 1993, p. 235-248.

[59] GENTIL Geneviève, GIRARD Augustin, RIOUX Jean-Pierre et SIRINELLI Jean-François (dir.), *Les Affaires culturelles au temps de Jacques Duhamel. 1971-1973*, Paris, La Documentation française, 1995.

[60] *Georges Pompidou et la modernité*, Paris, Galerie nationale du Jeu de Paume-Centre Georges Pompidou, 1999.

[61] GIRARD Augustin et GENTIL Geneviève (dir.), *Les Affaires culturelles au temps d'André Malraux*, Paris, La Documentation française-Comité d'histoire du ministère de la Culture, 1996.

[62) HUNTER Marck, *Les Jours les plus Lang*, Paris, Odile Jacob, 1990.

[63] *La Politique culturelle de la France*, Paris, Conseil de l'Europe-La Documentation française, 1988.

[64] Jung Cecyle, *Le Parti socialiste et l'action culturelle. Formation d'un programme de gouvernement. 1971-1981*, Institut d'Etudes Politiques de Paris, DEA de science politique, 1987.

[65) Lebovics Herman, *Monna Lisa's escort. André Malraux and the Reinvention of French Culture*, Ithaca, Cornell University Press, 1999.

[66] Leonard Yves (dir.), « Culture et société », *Les Cahiers Français*, mars-avril 1993, n° 260.

[67] Menger Pierre-Michel, « L'hégémonie parisienne. Economie et politique de la gravitation artistique », *Annales ESC*, novembre-décembre 1993, n° 6, p. 1565-1600.

[68] Mesnard, André-Hubert, *Droit et politique de la culture*, Paris, PUF., 1990.

[69] Mollard Claude, *Le Cinquième Pouvoir, la Culture et l'Etat de Malraux à Lang*, Paris, Armand Colin, 1999.

[70] Ory Pascal, « A la recherche d'une politique culturelle », dans Jean-Jacques Becker (dir.), *Crises et alternances, 1974-1995*, Paris, Seuil, 1998, p. 211-220.

[71] Ory Pascal, « L'impératif culturel », dans Jean-Jacques Becker (dir.), *Crises et alternances, 1974-1995*, Paris, Seuil, 1998, p. 421-435.

[72] Poirrier Philippe (Présenté par), *La Naissance des politiques culturelles et les Rencontres d'Avignon (1964-1970)*, Paris, La Documentation française, 1997.

[73] Poirrier Philippe et Rioux Jean-Pierre (dir.), *Affaires culturelles et territoires*, Paris, La Documentation française, 2000.

[74] Poujol Geneviève, *La Création du ministère des affaires culturelles. 1959-1969. Eléments pour la recherche*. Paris, DEP-Ministère de la Culture, 1993.

[75] Rioux Jean-Pierre, « L'impératif culturel », *L'Histoire*, avril 1991, n° 143, p. 52-60.

[76] Rioux Jean-Pierre, « L'Etat et la culture », *Administration*, 1991, n° 151, p. 10-12.

[77] Saez Guy, « Modernisations et corporatismes dans la politique culturelle française », dans Dominique Colas (dir.), *L'Etat et les corporatismes*, Paris, PUF, 1988. p. 91-107.

[78] Saez Guy, « Vers la fin de l'Etat culturel ? », *Revue française d'administration publique,* janvier-mars 1993, n° 65, p. 63-72.

[79] Saez Guy et Perret Jacques (dir.), *Institutions et vie culturelles*, Paris, La Documentation française, 1996.

[80] Sirinelli Jean-François et Grohens Jean-Claude (dir.), *Culture et action chez Georges Pompidou*, Paris, PUF, 2000.

[80 bis] Tetart Philippe (dir.), *Georges Pompidou, homme de culture*, Paris, Editions du Centre Pompidou, 1995.

[81] « Toutes les pratiques culturelles se valent-elles ? » *Hermès, cognition, communication, politique*, 1996, n° 20.

[82] Wallon Emmanuel (dir.), *L'Artiste et le prince. Pouvoirs publics et création*, Grenoble-Québec, Presses Universitaires de Grenoble-Musée de la civilisation, 1991.

Le rôle des collectivités locales

[83] Dubois Vincent (dir.), avec la collaboration de Poirrier Philippe, *Les clochers d'une querelle. Politiques locales et enjeux culturels (XIXe-XXe siècles).* Paris, La Documentation française, 1998.

[84] Friedberg Erhard et Urfalino Philippe, *Le Jeu du catalogue. Les contraintes de l'action culturelle dans les villes*, Paris, La Documentation française, 1984.

[85] Moulinier Pierre, *Politique culturelle et décentralisation*, Paris, CNFPT, 1995.

[86] Poirrier Philippe, *Municipalité et culture au xxe siècle : des Beaux-Arts à la politique culturelle. L'intervention de la municipalité de Dijon dans les domaines artistiques et culturels (1919-1995)*, Université de Bourgogne, thèse d'histoire, 1995.

[87] Poirrier Philippe, Rab Sylvie, Reneau Serge et Vadelorge Loïc (dir.), *Jalons pour l'histoire des politiques culturelles locales*, Paris, La Documentation française, 1995.

[88] Poirrier Philippe, « L'histoire des politiques culturelles des villes », *Vingtième siècle. Revue d'histoire*, janvier-mars 1997, n° 53, p. 129-146.

[89] Poirrier Philippe, « Les territoires des Affaires culturelles. Le développement du partenariat entre l'Etat et les villes », 1959-1999, *Revue historique*, 1999, n° 612, p. 859-880.

[90] Pongy Mireille et Saez Guy, *Politiques culturelles et régions en Europe*, Paris, L'Harmattan, 1994.

[91] Rab Sylvie, *Culture et banlieue. Les politiques culturelles dans les municipalités de la Seine (1935-1939)*, Université de Paris VII-Denis Diderot, thèse d'histoire, 1994.

[92] Saez Guy, « Villes et culture : un gouvernement par la coopération », *Pouvoirs*, 1995, n° 73, p. 109-123.

[93] Taliano-Des Garets Françoise, *La Vie culturelle à Bordeaux (1945-1975)*, Bordeaux, Presses Universitaires de Bordeaux, 1995.

[94] Taliano-Des Garets Françoise, « Un grand maire et la culture : le "chabanisme culturel" », *Vingtième siècle. Revue d'histoire*, janvier-mars 1999, n° 61, p. 44-55.

[95] Thuriot Fabrice, *Culture et territoires. Les voies de la coopération*, Paris, L'Harmattan, 1998.

[96] Vadelorge Loïc, *Pour une histoire culturelle*

du local. Rouen 1919-1939, Université de Paris IV-Sorbonne, thèse d'histoire, 1996.

[97] VOGLER Bernard, *Histoire culturelle de l'Alsace. Du Moyen Age à nos jours, les très riches heures d'une région frontalière*, Strasbourg, Editions La Nuée Bleue, 1994.

Approche thématique

Dans chaque domaine, nous ne signalons ici que les ouvrages fondamentaux qui, pour la plupart, possèdent une bibliographie.

1/ Théâtres et spectacles

[98] ABIRACHED Robert, (dir.). *La Décentralisation théâtrale.* 4 volumes, Paris, Actes Sud, 1992-1995.

[99] ABIRACHED Robert, *Le Théâtre et le Prince. 1981-1991*, Paris, Plon, 1992.

[100] ADDED Serge, *Le Théâtre dans les années Vichy. 1940-1944*, Paris, Ramsay, 1992.

[101] GOETSCHEL Pascale, « Politique culturelle et décentralisation théâtrale sous la Quatrième République ». *Historiens et Géographes*, 1997, nº 306, p. 209-221 ; *La Décentralisation théâtrale en France de la Libération à la fin des années soixante-dix*, Institut d'études politiques de Paris, thèse d'histoire, 2000.

[102] GONTARD Denis, *La Décentralisation théâtrale*, Paris, Sedes, 1973.

[103] JOUBERT Marie-Agnès, *La Comédie-Française sous l'Occupation*, Paris, Taillandier, 1998.

[104] LOYER Emmanuelle, *Le Théâtre citoyen de Jean Vilar. Une utopie d'après-guerre*, Paris, PUF, 1997.

[105] TEMKINE Raymonde, *Le Théâtre en l'Etat*, Paris, Editions Théâtrales, 1992.

2/ Musiques et danses

[106] DOMPNIER Nathalie, *Vichy à travers chants. Pour une analyse politique du sens et de l'usage des hymnes sous Vichy*, Paris, Nathan, 1996.

[107] MENGER Pierre-Michel, *Le Paradoxe du musicien. Le compositeur, le mélomane, l'Etat dans la société contemporaine*, Paris, Flammarion, 1983.

[108] MIGEOT Xavier et BERTHELOT Philippe (dir.), *Politiques publiques et musiques amplifiées*, Agen, Groupe d'études des musiques amplifiées, 1997.

[109] PATUREAU Frédérique, *Le Palais Garnier dans la société parisienne. 1875-1914*, Liège, Mardaga, 1991.

[110] VEITL Anne, *Politiques de la musique contemporaine. Le compositeur, la « recherche musicale » et l'Etat en France de 1958 à 1991*, Paris, L'Harmattan, 1997.

[110 bis] VEITL Anne et DUCHEMIN Noémi, *Maurice Fleuret : une politique démocratique de la musique*, Paris, La Documentation française, 2000

3/ Livre, bibliothèques et lecture publique

[111] BARNETT Graham Keith, *Histoire des bibliothèques publiques en France, de la Révolution à 1939*, Paris, Promodis-Ed du Cercle de la Librairie, 1987.

[112] BERTRAND Anne-Marie, *Les Bibliothèques municipales. Acteurs et enjeux*, Paris, Editions du Cercle de la Librairie, 1994.

[113] BERTRAND Anne-Marie, *Les Villes et leurs bibliothèques : légitimer et décider (1945-1985)*, Paris, Electre-Cercle de la Librairie, 1999.

[114] BERTRAND Anne-Marie, « La direction du Livre : premiers pas, premières pages », dans *Rapport pour les années 1998-1999*, Paris, Conseil supérieur des bibliothèques, 1999, p. 95-99.

[115] *Histoire des bibliothèques en France.* t. 3 et 4, Paris, Promodis, 1991-1992.

[116] SUREL Yves, *L'Etat et le livre. Les politiques publiques du livre en France (1957-1993)*, Paris, L'Harmattan, 1997.

[117] SUREL Yves, « L'Etat et l'édition » dans Pascal FOUCHE (dir.), *L'Edition française depuis 1945*, Paris, Editions du Cercle de la Librairie, 1998, p. 516-539.

4/ Musées et arts plastiques

[118] *Bernard Anthonioz ou la liberté de l'art*, Paris, Adam Biro, 1999.

[119] BERTRAND DORLEAC Laurence, *L'Art de la défaite. 1940-1944*, Paris, Seuil, 1993.

[120] GEORGEL Chantal (dir.), *La Jeunesse des Musées*, Paris, Réunion des Musées Nationaux, 1994.

[121] MOULIN Raymonde, *L'Artiste, l'institution et le marché*, Paris, Flammarion, 1992.

[122] MOULIN Raymonde, *De la valeur de l'art*, Paris, Flammarion, 1995.

[123] SCHAER Roland, *L'Invention des musées*, Paris, Gallimard, 1993.

[124] VAISSE Pierre, *La Troisième République et les peintres*, Paris, Flammarion, 1995.

[125] VADELORGE Loïc (dir.), *Les Musées de province dans leur environnement*, Rouen, PUR, 1996.

5/ Patrimoine

[126] ANDRIEUX Jean-Yves, *Patrimoine et histoire*, Paris, Belin, 1997.

[127] BEGHAIN Patrice, *Guerre aux démolisseurs ! Hugo, Proust, Barrès. Un combat pour le patrimoine*, Vénissieux, Editions Paroles d'Aube, 1997.

[128] BEGHAIN Patrice, *Le Patrimoine : culture et lien social*, Paris, Presses de Sciences Po, 1998.

[129] Choay Françoise, *L'Allégorie du patrimoine*, Paris, Seuil, 1992.

[130] Grange Daniel et Poulot Dominique (dir.), *L'Esprit des lieux. Le patrimoine et la cité*, Grenoble, Presses Universitaires de Grenoble, 1997.

[131] Lamy Yvon, « Du monument au patrimoine. Matériaux pour l'histoire politique d'une protection », *Genèses. Sciences sociales et histoire*, mars 1993, nº 11, p. 50-81.

[132] Leniaud Jean-Michel, *L'Utopie française. Essai sur le patrimoine*, Paris, Mengès, 1992.

[133] Nora Pierre (dir.), *Science et conscience du patrimoine*, Paris, Fayard-CNMHS, 1997.

[134] Nora Pierre (dir.), *Les Lieux de mémoire*, Paris, Gallimard, 1997.

[135] Poulot Dominique, *Musée, nation, patrimoine. 1789-1815*, Paris, Gallimard, 1997.

[136] Rioux Jean-Pierre, « L'émoi patrimonial », *Le Temps de la réflexion*, 1985, p. 39-48.

[137] Sire Marie-Anne, *La France du Patrimoine. Les choix de la mémoire*, Paris, Gallimard-CNMHS, 1996.

6/Industries culturelles

[138] Benhamou Françoise, *L'Economie de la culture*, Paris, La Découverte, 1996.

[139] Farchy Joëlle, *Le Cinéma déchaîné. Mutation d'une industrie*, Paris, Presses du CNRS, 1992.

[140] Farchy Joëlle et Sagot-Duvauroux Dominique, *Economie des politiques culturelles*, Paris, PUF, 1994.

[141] Farchy Joëlle, *La Fin de l'exception culturelle ?*, Paris, CNRS Editions, 1999.

[142] Jeancolas Jean-Pierre, *Histoire du cinéma français*, Paris, Nathan, 1995.

7/Grands Travaux

[143] ANDRIEUX Jean-Yves et SEITZ François (dir.), *Pratiques architecturales et enjeux politiques, France 1945-1995*, Paris, Picard, 1998.

[144] CHASLIN François, *Les Paris de François Mitterrand : histoire des grands projets architecturaux*, Paris, Gallimard, 1985.

[145] COLLARD Sue, « Mission impossible : les chantiers du Président », *French Cultural Studies*, 1992, p. 97-132.

[146] COLLARD Sue, « Architectural Gestures and Political Patronage : The Case of the Grands Travaux », *The International Journal of Cultural Policy*, 1998, n° 5-1, p. 33-47.

[147] HELIE Thomas, *Le Processus de création de la Bibliothèque de France (1988-1998)*, Université de Paris II-Panthéon Assas, DEA de science administrative, 1998.

[148] LENGEREAU Eric, *La Ve république et la politique de l'architecture (1958-1981). Les hommes, les idées, les dispositifs*, Université de Paris I-Panthéon Sorbonne, thèse d'histoire de l'art, 1999.

[149] RUBY Christian, « La Bibliothèque nationale de France. Une grande surface d'échanges culturels ? » dans *L'Etat de la France. 96-97*, Paris, La Découverte, 1996, p. 185-186.

[150] URFALINO Philippe, « Décisions, actions et jeux. Le cas des Grands Travaux parisiens », *Villes en parallèle*, décembre 1994, n° 20-21, p. 263-285.

INDEX

Table

CHAPITRE III
Une décennie contrastée

CHAPITRE IV
Un modèle contesté

TROISIÈME PARTIE :

L'ÉTAT LIBÉRAL (1969-1981)

CHAPITRE I
La marque présidentielle

Quatrième partie :

L'ÉTAT CULTUREL (1981-1995)

Chapitre I
Les ruptures des années Lang

Chapitre II
Les Grands Travaux

Chapitre III
L'embellie des politiques sectorielles

Chapitre IV
Une politique contestée

Composition réalisée par NORD COMPO

IMPRIMÉ EN FRANCE PAR BRODARD ET TAUPIN
La Flèche (Sarthe).
N° d'imprimeur : 2409 – Dépôt légal Édit. 2927-05/2000
LIBRAIRIE GÉNÉRALE FRANÇAISE - 43, quai de Grenelle - 75015 Paris.
ISBN : 2 - 253 - 90464 - 3

42/0464/0